借来
挂流三百丈

张柯 著

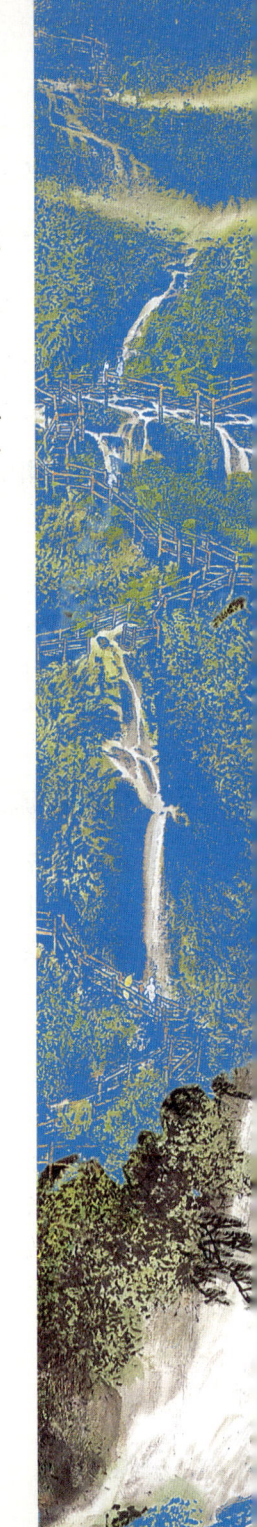

山东城市出版传媒集团·济南出版社

图书在版编目（CIP）数据

借来挂流三百丈/张柯著. —济南：济南出版社，2023.2

ISBN 978-7-5488-5533-0

Ⅰ. ①借… Ⅱ. ①张… Ⅲ. ①康庄-传记 Ⅳ. ①K825.72

中国国家版本馆CIP数据核字(2023)第023982号

出 版 人	田俊林
责任编辑	范玉峰　董傲囡　尹海洋
责任校对	陈　伟
装帧设计	胡大伟

一苇 以思启智 一苇以航 a thinking reed

借来挂流三百丈

出版发行	济南出版社
地　　址	济南市市中区二环南路1号（250002）
发行热线	（0531）86922073　67817923
	86131701　86131704
印　　刷	济南新先锋彩印有限公司
版　　次	2023年2月第1版
印　　次	2023年2月第1次印刷
成品尺寸	148mm×210mm　32开
印　　张	6.75
字　　数	128千字
定　　价	68.00元

（如有印装质量问题，请与出版社联系调换，
联系电话：0531-86131736）版权所有　侵权必究

目 录

那一刻，我明白了什么叫作笔走龙蛇 / 001
这是画的什么一套啊 / 005
难忘的青砖小楼 / 012
东路梆子撞上斯坦尼斯拉夫斯基 / 017
感动的力量如此神奇 / 023
走在快活三里上 / 030
"胜利"门口再遭滑铁卢 / 033
北极庙前打滑梯 / 041
风雪夜归人 / 046
岳祥书当头就是一棒 / 050
初识高人魏启后 / 054 
花窗沙龙神仙会 / 059
康庄，你得照着最高点使劲 / 064
斯巴达克斯死了 / 075
收藏故事：从"泥巴人子"到"木头人子" / 087 
就这样，将岱岳一页页读过 / 097
堂堂溪水出前村 / 107
高光时刻：劳动人民文化宫 / 114

你是请我画山水，还是请我画风水 / 118
脑子进水的感觉真好 / 125
画家，你为何不是"好色之徒" / 139
画家，你怎样面对"傅抱石之问" / 151
诗之境，得泰山之助 / 159
欧旅散章之一 安丽，你在哪里 / 165
欧旅散章之二 维纳斯，终于看到了你的"真身" / 172
欧旅散章之三 《大卫》，你的"真身"在哪里 / 183
不是尾声 真想向天再借五百年 / 196

后记 / 206

那一刻，我明白了什么叫作笔走龙蛇

1960年，康庄考进济南艺术学校。

这一天，他与同学走进了济南工人俱乐部。

展厅里正举办着一个画展。

展厅小，展出的作品不多，要紧的是，作者是如雷贯耳的大画家傅抱石。对少年康庄来说，要紧的是，他无意间目睹了傅抱石现场作画。

傅抱石成名很早，在圈外赢得大名，还得从一年前说起。

1959年共和国十年大庆，人民大会堂等十大建筑在北京落成。傅抱石与关山月为大会堂联袂创作了巨幅山水画《江山如此多娇》。这幅新中国的美术经典，用一个"娇"字领起主题：红日东升，青松苍劲，雪岭逶迤，长江大河气势磅礴；一经悬挂在宴会厅北门大墙上，当即成为大会堂标志性符号。和许多人一样，笔者首进人民大会堂，径直奔向《江山如此多娇》。——感觉不这样，比走进巴黎卢浮宫，没有看到达·芬奇的《蒙娜丽莎》还要遗憾很多，很多。

在中国，谁画的画由周恩来总理定题？

在中国，谁画的画由毛泽东主席题写画名？

没有了，再没有了。

只有傅抱石和关山月，只有煌煌《江山如此多娇》。

还有，《江山如此多娇》的用材也颇不简单，据荣宝斋原副总经理米景阳2014年透露，巨画用纸是经过特批，从故宫库存中调出来的十三张乾隆"丈二匹"，整个装裱制作工作全程由荣宝斋完成。

2016年11月，笔者站在名震华夏的巨画跟前，不知为什么，感觉巨画设色有些漂浮，用笔似乎也谈不上杀纸，总之，作品给笔者的感动不如预期的那么大。是岁月对巨画的剥蚀，还是因为别的什么原因？答案苦索不解。直到2022年为写作本篇，披阅大量资料

傅抱石先生

时，读到米景阳写的回忆录《我在荣宝斋40年》，谜底才释然冰解。

这个谜底下文还要分解，先回到康庄意外见到傅抱石这一幕上来。

在举办方热情相邀下，大画家走到画案前。

只见傅抱石搦毫在手，突然凌空开笔，画家刹那间变成了魔术师，一管巨毫上下翻飞，横挥竖扫，皴擦点染之间，胸臆间万丈豪情顿作淋漓的笔墨，淋漓的笔墨濡湿了宣纸，于是苍茫的山岳，氤氲的瀑流，盘曲的古松，依次变幻在宣纸上。

傅抱石有方白底朱文闲章，上刻"往往醉后"四字，通常会钤在他的得意之作上。不知道画家当天沾酒没有，看他那笔扫千军的风采，不是"醉后"，又是何时？

令人心折的炫技，康庄今生只见过这一回。从此他一生敬服傅抱石。不过，真正领悟到傅抱石山水的高妙，是他专攻山水之后。

舟楫匆匆，转眼一个甲子。

2022年2月间，笔者与康庄先生晤面，谈及当年傅抱石作画一幕，老艺术家依旧难掩激动："那一刻我明白了什么叫作'笔走龙蛇'！"

"李可染可以学，下上功夫就行，傅抱石学不了。他的画笔致放逸，天纵的成分极高，许多作品可归于逸品，我辈学不了，只能学他的精神。"

"那天给你印象最深的地方是什么？"

"那种自由的状态，那种潇洒劲儿！"

人们常说，中国画是写出来的。

康庄说，傅抱石山水是用散锋笔头扫出来的。

只有傅抱石有这个本事，换作他人，胸无豪情扫不动，腹无才情扫不出。傅抱石有如画坛上的李太白。杜甫可学，李白只能赏，学不了。李白是谪仙，旁人不是。

笔者从网络上找到一段傅抱石作画的视频，反复看了几遍，由于视频时长太短，画家"横挥"的镜头没有找到，找到的是他"竖扫"的镜头，镜头上的傅抱石，那真叫下笔无碍。有位"大师"说傅抱石从不当众作画，笔者却从网上搜到傅抱石三幅当众作画的照片。在其中一幅照片里，笔者数了一下，现场围观者多达12位，郭沫若与夫人于立群就在里边。郭与傅一生交好，推荐傅为人民大会堂画《江山如此多娇》的人，正是担任过政务院副总理的郭沫若。

这是画的什么一套啊

学生时代 摄于1962年

有心栽花的输给无心插柳的，天幕上有多少熠熠闪光的星星，大地上就有多少这样的故事。

还是在1959年，济南军区前卫话剧团招考演员，有位姑娘前来报考。不料，上天弄人，姑娘没考上，陪她来的同学被导演看中，"陪客"穿上军装，她在电影《地雷战》中扮演田嫂，在《苦菜花》中扮演娟子，在《第二个春天》扮演刘芝茵。影片中美丽的娟子，英俊的海军女军官刘芝茵，成为无数男人心中的女神，她就是八一厂电影演员杨雅琴。

康庄与济南老乡杨雅琴不同。杨雅琴从"前卫"起步，后来红遍全国。在当兵最走红的时候，康庄被武汉军区胜利文工团看中，想不到的是，在"胜利"门口，他遭遇了滑铁卢。

优秀的文学能写出人生的尴尬，康庄人生遭遇尴尬无数，兵败"胜利"是其中的一出，——笔者详笔在后。

还是先从康庄第一次"优胜记略"聊起吧。

济南护城河东南，分布着济南城四大泉群之一的黑虎泉泉群。黑虎泉泉水从三座石兽口中泻入泉池，漫流注入护城河。护城河清波荡漾，绿藻浮动，两岸垂杨婆娑，景色绝佳。

济南市历下区文化馆，坐落在黑虎泉对面的护城河北岸。

当时的历下区文化馆，有大门，没门卫，平素里一些背着乐器或画夹的人出出进进，康庄和爱画画的同学常进来玩玩。

这一天，参加完山东医学院高中班招生考试，康庄与同学冯俭、戴方结伴回家，途径历下区文化馆，他们像往常一样走进去玩。

透过一间屋子的玻璃窗，他们发现桌上摆着瓶罐，一屋子青少年正在写生。

"请问这是办班吗？"康庄问。

"不是办班，济南艺校刚成立，美术专业正在招生。"门口的人告诉他。

"这是画的什么一套啊，这个水平还来考艺校啊！"

声音惊动了监考的老师，老师打开门，问他：

"你会画画吗？"

"我画得比他们强。"

"你进来！"

老师指着他。

老师拉过凳子，拿过一个画板，在上面钉上纸递给他。

工夫不大，康庄的速写完成了，按照老师要求，上面留下了家庭住址：按察司街9号。

那时，没有多少人参加艺考，连"艺考"这个词都没有。不像后来，参加"艺考"的人多如过江之鲫，有为了高考加分的，有学习不行改学美术的。吴冠中教授摇头：美盲倒比文盲多。地球人都知道，不少美盲是从艺术院校走出来的。学艺术的人，脑瓜不灵不行，没有艺术感觉不行。

按察司街 王建浩摄于1960年

康庄从小喜欢画画，喜欢是喜欢，没想过将来登上什么画坛，连上画摊的想法也没有。据康庄讲，他有个没见过面的二大爷，对他影响极大。二大爷文武全才，干过国民党军李仙洲的手枪旅长，后来摇身成了共产党兵工厂和大学的党委书记，他到底是共产党的卧底，还是起义将领，康庄说不清。说得清的是，二大爷写的一手好字，平生爱读书、藏书。二大爷南下后，几橱子的线装书归了五兄弟一家，五兄弟就是康庄父亲康玉亭。

这些线装书中有全套的《芥子园画谱》，那是中国画家的启蒙书，大画家黄宾虹、齐白石、潘天寿、傅抱石，有一个算一个，没有一位不是从它上手的。家里除了碑帖字画，还有《西洋画史》《故宫旬刊》这类的美术书籍和刊物。

康庄的四大爷爱画油画，父亲爱画国画，四大爷学的是农科，父亲在中学教的是数学，画画与其职业没有相干，纯粹是他们个人爱好，四大爷的爱好影响到他的儿子，康庄的堂兄、堂弟都爱画油画。四大爷一家与康庄一家同住一院，平素你染丹青，我涂油彩，美术氛围浓得化不开。

康庄画素描起步早，画静物，画"真人"。

姥爷平常喜欢喝二两，每回从北园赶来喝酒，常把外孙叫过来：

"康庄，给姥爷再画一张。"

姥爷是康庄画得最多的"真人"。画过"真人"，再画静物就容易得多。12岁那年，康庄拜在花鸟名家王天池门下学艺。王天池是齐白石入门弟子，曾随侍白石老人四年，深得齐派花鸟真传。

康庄还喜欢古典文学，对诗词情有独钟，壮年后笔握两管，一手作画，一手作诗，齐鲁画家里边，一时无两。

父亲见儿子画画入迷，便把同事、画家张茂才、陈维信介绍给他。介绍归介绍，父亲没有让他当画家的打算。康庄初中毕业，父亲对儿子说：咱家里缺个大夫，你学医吧。山东医学院当年开办了高中班。父亲的数学思维，没能遗传给第二代，他的业余爱好，康庄照单全收了。——医学的门环，康庄没能叩响。

姥爷画像
康庄画于少年时代

这一天，他收到封信，打开一看，是济南艺术学校发来的录取通知书。

一家人喜出望外。

"没想到啊康庄，你画画还能画出名堂！"

父母高兴得合不拢嘴。

济南艺校属于中等艺术学校，学制三年，每月12元助学金，毕业包分配，学生入学就计算工龄，少年康庄相当于参加工作了。

其时，天灾加上人祸，国家进入三年困难时期，老济南习惯上称为"生产救灾"时期。这时候康庄接住了天上掉下的馅饼，秋风送爽的时节，一家人沉醉在春风里。只是世事难料，后来天上掉下的馅饼不多，石头不少，康庄常被砸得头破血流。

这是后话。

康庄无意间走进了文化馆，无意间在玻璃窗前趴了一下头。一切都在无意间决定了。

这就是命运。

康庄说："我和冯俭、戴方三人平时形影不离，都跟王天池老师学画，我多说了句话，老师单把我叫进屋，冯俭和戴方要是自报奋勇，老师也会让他们进屋的，大概他俩没有我这个胆儿吧。"

冯俭后来拜在著名画家李苦禅门下，他的大写意花鸟画得大气朴拙，深得苦禅先生笔意，曾任张家港画院院长，退休后定居苏州。两位老同学几乎年年见面。康庄与戴方久疏音问，渐渐失去了联系。

济南艺术学校的学生来自全省各地，专业设置分为戏剧表演、音乐、舞蹈、美术等专业，实力最强的专业是戏剧表演，里面有京剧、吕剧、豫剧、梆子等专业。美术专业考进57人，通过政审和业务测试，刷下去40多人。有个姓崔的同学也被刷下去了。康庄理解不了，他觉得崔同学画得很好，怎么也被刷下去呢。

三个学年下来，又刷下4人，最后完成学业的，只有13个人。

这里面有他一生的朋友张登堂。

难忘的青砖小楼

在济南育英中学校园里,坐落着两座古朴素雅的青砖方楼。据记载,这两座小楼原是山东大学堂外籍教师宿舍,1919年拨给育英中学作为校舍。1960年建校的济南艺校就设在小楼里。那时候,济南艺校、育英中学、山东实验中学和济南市话剧团,都在这所大院子里,"实验"和"育英"老

位于济南育英中学里的青砖小楼,原为山东高等学堂外籍教师公寓,建于1904年;1922年9月16日,中国社会主义青年团山东地方团始建于此;1960年~1962年曾作为济南艺术学校校舍。(刘俭供图)

济南艺校美术专业学生合影，康庄（后排右一），张登堂（前排左二），张宏翔（中排左三），周朝金（后排左一）

人们回忆，那是大院最热闹的时候。

20世纪五六十年代，关黑弭岳四大画家驰誉齐鲁画坛，他们是关友声、黑伯龙、弭菊田、岳祥书。黑伯龙在实验中学教美术，弭菊田在育英中学教美术，两位名家同在艺校代课。

康庄回忆：张登堂从老先生那里得益最大，他国画下手早，水彩画得也好，晚上他常去老先生那里，直到夜深，抱着一卷子画回来，那是老师批改过的作业。

"登堂是非常勤奋的，他后来画海河、黄河出名，我觉得他沾了水彩的光不少。"康庄是班里年龄最小的，读书是最多的，这辈子他沾了读书的光。

黑伯龙先生

济南，素有曲山艺海之称。济南艺校最强的专业是戏剧专业。许多毕业生后来成了省城戏剧界的台柱子。相对而言，综合美术专业生源最少，师资力量也一般，许多专业课，都由艺术院校的老师来上。最好的代课老师，当然是黑伯龙和弭菊田两位先生。

济南艺校美术专业开设综合美术课程，第一年学素描、装饰美术；第二年学习彩画，主要画水彩；第三年，学油画、国画、美术史论。国画课先画人物，康庄印象最深的，是临摹刘继卣的组画《大闹天宫》。刘继卣是新中国连环画的奠基人，人称"当代画圣""东方的伦勃朗和米开朗基罗"。《大闹天宫》工笔重彩，画面繁丽多姿，形神兼备，动感极强。这套组画一共八幅，画家用近一年时间创作完成，以年画形式发行全国。

临完《大闹天宫》，接着临刘继卣的《武松打虎》。这套组画一共十六幅，画家将人物画、动物画和山水画和谐融

弭菊田先生

合，作品雅俗共赏，人见人爱。对连环画名家，康庄最崇拜刘继卣，第二位是画连环画《山乡巨变》《铁道游击队》的"线描大师"贺友直。古代画家中，康庄记得临摹过唐寅、文徵明的山水。

艺校学生一律睡大通铺。美术专业不像戏剧专业，戏剧专业粮食定量每人每月30斤。美术专业包括瓜菜代，定量只有27斤。生活虽说艰苦，大家对国家的未来都充满着希望，学子们盼着"生产救灾"早点过去，国家赶快好起来。

根据上级要求，学校把学习领袖著作《论持久战》和《矛盾论》作为政治任务。夜课之后，同学们坐在大通铺上，不是轮流朗读《论持久战》《矛盾论》，就是抄起画笔，你画画我，我画画你，笑着闹着，过了一宿又一宿。

济南艺校第二年升格为大专，学制由三年改为六年。可惜，瘪下去的肚子限制了理想的高度，勉强维持到第三年，艺校"下马"了。"下马"是撤销的意思。三年"生产救灾"，大批文艺单位和工厂企业都下了马。济南艺校的老大哥，山东艺专虽然还在"马"上，却也降了格，改为山东艺术学校，后来一度改称山东五七艺校。改革开放后，五七艺校升格为本科艺术院校，成为山东艺术教育的重镇。济南艺校作为济南艺术教育的历史，只剩下白发老人的集体记忆。

济南艺校"下马"后，戏剧专业部分师资和学生合进山东戏曲学校，美术专业的学生全部分配了，第一批毕业生成为最后一批毕业生。学生分配到各地，最远的分到新疆，那里还有个吕剧团。康庄分到淄博地区的桓台吕剧团，从事舞美设计。这帮同学画得好的有张宏翔、张登堂等人，张宏翔分到历城豫剧团，后来考入中央戏剧学院，毕业后去了总政文工团干舞美，再后来旅居美国了。张登堂分到连云港东海吕剧团，由于父亲病重，没有去报到，第二年重新分配到济南市文物店。

分手的时候到了，康庄带着初步学到的本事，带着近三年的工龄，挥别青砖小楼，东赴桓台。

这年他刚刚17岁。

东路梆子撞上斯坦尼斯拉夫斯基

桓台吕剧团团长徐文是个剧作家，某天，他偶然看到了康庄日记，信手一翻，日记里的文学潜质让他吃了一惊。那时领导看部下日记，多是为了开展思想工作，"隐私"这个词儿尚在海底深处。

"你小子写东西很好啊，你不用干舞美了，团里干舞美的已经不少了，我培养你写东西，团里最缺写东西的人。"

舞台照之一

"徐团长把我从舞美组调出来，培养我学编导。"康庄说。

有一天，徐文团长在地区开会，遇到了惠民东路梆子剧

舞台照之二

团的指导员刘忠礼。那时剧团普遍设立指导员，负责党务工作。两个熟人聊天，无意中聊到了康庄。刘忠礼听说康庄是个编导人才，当即向徐文要人："我们剧团更需要编导，你把他让给我吧。"

"就这样，徐团长把我许给了人家。"康庄笑道。

康庄由此调到惠民。桓台和惠民同属惠民地区，惠民地区与德州地区、聊城地区当时统称北三区，属于山东贫困地区。

东路梆子独花一枝，全国只有惠民一个剧团，观众主要集中在北三区，演员多为老艺人。康庄以编导身份调到惠民东路梆子剧团。问题是文学潜质不能代表现有水平，跟徐团长学编导时间不长，专业还没有上路，他心里越想越发毛。

康庄回忆："我给老艺人排戏，人家不听我的，我让他往这里站，他偏往那里站，还问凭什么往那站。"

康庄说急了，老艺人撂下一句话："你站站我看看。"

这句话噎得他不轻快。

"这不是逼我吗？"康庄心里话。"不过，刚开始导戏，我确实说不出个糖的枣的。"

"说不出个糖的枣的"，是句济南话，意思是说话说不到点子上。

"你站站我看看"这句话让康庄大受刺激。他的倔劲儿上来了，非要站站让人看看，非要说出个糖的枣的不行。许多人崛起，常是一句话刺激的结果。

康庄从此每天早早起来，与演员们一起练功。练功是练功，他明白光伸胳膊弯腰，使笨劲不行，必须读书养脑子。他找来戏剧大师斯坦尼斯拉夫斯基的著作啃起来。大凡成功的人，做起事情来都能进入痴迷状态。东晋时期的顾恺之是中国第一位被正史列入传记的画家，时人以"画绝、才绝、痴绝"称之，就是说，他画得最好，才情第一，傻到家了。人只要痴迷，不长本事都难。康庄痴迷上了斯坦尼斯拉夫斯基。斯坦尼斯拉夫斯基一生跨越沙俄和苏联两个历史时期。

斯坦尼斯拉夫斯基体系，即"体验艺术"演剧体系，涵盖表演、导演、戏剧教学等内容，它与布莱希特演剧体系一样，在世界戏剧史上享有盛名。新中国成立后，斯氏体系正式引进过来，对中国戏剧艺术产生了重大影响。

斯氏体系要求导演成为整个演出的思想解释者、组织者、剧院集体的教育者；要求演员"在舞台上，在角色的生活环境中,和角色完全一样正确地、合乎逻辑地、有顺序地、像活生生的人那样地去思想、希望、企求和动作",就是说演员要体验角色,要不怎么说,斯坦尼斯拉夫斯基体系属于"体验派"呢。

传统戏曲以角儿为中心,现代戏剧以导演为中心。

对老艺人来说,这个弯子转得有点大。

在中国戏曲界,只有梅兰芳见过斯坦尼斯拉夫斯基。像梅兰芳这样有文化修养的艺术家凤毛麟角,老艺人文化都不高。评剧艺术家赵丽蓉出演电影版《红楼梦》里的刘姥姥,为了让她理解剧情,导演谢铁骊给她找来连环画《红楼梦》,让老太太看画书找感觉。一身是戏的赵丽蓉尚且如此,别说县剧团的老艺人了。老艺人们自小学艺,一代传一代,形成固定的表演程式。他们过去连导演都没听说过,哪会知道什么斯基?什么体系?

学习了斯氏体系,康庄明白了导演作用、导演与演员的相互关系,关键是懂得了舞台调度。他认为从导演方面讲,斯氏体系最重要的内容是舞台调度。读书读到这一层,康庄脑洞大开,掌握了话语权。

"你的话语权怎么体现?"

"你得说出个糖的枣的,比如怎么把舞台调度成一个场面和画面,怎么让画面不偏,怎么突出主要角色?怎么通过舞台调度烘托气氛,怎么让演员体验角色,创造角色?这些你都得想明白，给老艺人讲出来，人家才会心服口服。"

读通了斯坦尼斯拉夫斯基，康庄底气足得像充满气的皮球，再给演员说戏，比如这句台词什么意思，用什么语气表达，演员怎样站位，他边说边示范，如同剥开粽叶的粽子，糖的枣的，说得清清楚楚。

光说不练假把式，真刀真枪干革命。每天起早练功，康庄舞台范儿起来了，能讲能示范，演员临时不凑手，他能上场救急了。导演一旦建立起了威信，讲话大为灵光。

传统戏在农村拥有广大观众，所以说传统戏是地方剧团吃饭的戏。现代戏是政治任务，必须保证完成。随着形势发展，现代戏越排越多。中国正在抗美援越，上级要求抓紧排演这类戏。康庄接到的第一个任务，是把话剧《南方来信》改编成梆子戏。

话剧改梆子，说起来容易做起来难。康庄说："首先，你得把话剧对白换成合辙押韵的唱词，各种角色用什么唱腔，都是有要求的；唱段怎么安排，也是有讲究的；话剧表演动作改成戏曲表演形式，这些都需要编者在吃透原作的基础上，进行二度艺术创作。"康庄回忆说。开始要和演员建立信任，现在要与作曲搞好协调，让音乐与配器贴合上你的剧本。

任务来得太急，排演《南方来信》那一周，康庄天天开夜车，最后紧张到他写好一场戏，立即刻钢板，油印多份，交给作曲和演员，作曲抓紧谱曲，演员忙着背台词。

刘忠礼见他连轴转，感动得没办法，他说："小康，你写本子，我陪着你；你夜里饿了，我给你下面条。"

撑到第二天深夜，刘忠礼眼睛睁不开了，歪在一边打瞌睡。

直到剧本完成了，康庄也没喝上指导员下的面条，他得和团长一起，抓紧带着演员"走场子"。只用七天时间，《南方来信》排演完毕，打破了剧团最快排戏纪录。只有那个年代，才有如此速度。当时全国一盘棋，为了支援越南抗美救国，首都举行了几十万人大游行，中国出动高炮、工程、铁路、扫雷、后勤等部队出国援越。中国演员在大后方舞台上配合援越。中国人口六亿五千万，六亿五千万人有六亿五千万挂热肠子，人人想着支援世界人民。

《南方来信》大获成功，接着改编《南方烈火》，同样获得成功。由于找不到大个子演员，康庄在《南方烈火》中客串了反派角色美国顾问。康庄人高马大，用油彩染出黄头发，戴上假鼻子，怎么看怎么像个"美国鬼子"。

大家感觉：小康做事有脑子，他能把东路梆子和俄苏老"斯基"结合起来，演出效果就是好。

感动的力量如此神奇

地方剧团靠传统戏吃饭,康庄琢磨着,改编好现代戏之外,还得给剧团写一场"吃饭的戏",让俄苏老斯基与中国老戏放在一个锅里,烧出一锅好菜。这天,他在地摊上见到一本佘赛花的故事,感觉不错,当即买下来,回到剧团细看,越看越感觉故事抓人。"为什么不能把它改编成连台本戏呢?"

连台本戏像长篇评书,也像后来的电视连续剧,是一种连续演出的传统戏曲表演形式,只要故事情节能抓住人,观众看了一本,就想看第二本、第三本。

佘赛花的故事就是杨家将的故事,从明清时代的小说《杨家将演义》《杨家府演义》和《杨家将传》,到后来的分支《穆桂英挂帅》《四郎探母》《杨门女将》《天门阵》等等,经过历代加工、衍生移植,通过各种话本、评书、戏剧反复演绎着,主题精忠报国,情节波澜起伏,从古演到今,经久不衰,在民间有着极强的影响力。

康庄呕心沥血，将《佘赛花》改编成六十本的连台本戏。《佘赛花》一经演出，迅速火遍北三区。过去到一个地方演出，剧团赶着马车走四方，车上满载着道具箱子、戏装盒子。到了地方，全体人员搭台布景，演上三两场，就得拆台撤景，如此搭起来撤，撤了再搭，人困马又乏。现在好了，连台本戏将女英雄佘赛花从小演到百岁挂帅，一本接着一本演。赶上农村大集，一天能演三四本。在剧场演出，能连演一个月，戏台不用动，演员不挪窝。每每演出结束，大幕徐徐落下，台下一片片彩声，声声穿透了幕布。

现代戏剧美学认为，仪式性的当场反馈，是戏剧美区别于其他艺术美的重要特征。

观众爆棚，剧团省事，票房又好，天下还有这等美事！

全团七八十口子人，个个笑逐颜开，都夸小康真行！

康庄感谢徐文团长："我一个学美术的，能改行做编导自己怎么不知道呢？"

那些年，继《夺印》《芦荡火种》之后，康庄陆续将《南方来信》《南方烈火》《丰收之后》《箭杆河边》《社长的女儿》《山乡风云》改编、移植成东路梆子。

康庄迅速成为地区剧团名导。地区文化局举办重点导演班，专门请他开讲导演课。他以"舞台调度"为题，以《山乡风云》为实例，洋洋洒洒连讲好几天。

地区各县的同行这才知道,这位年轻导演下了多大功夫。康庄排戏、导戏,每出戏都有舞台调度方案,每场戏都画有调度图。调度方案厚厚一大本,舞台调度图几十张。

康庄告诉同行:"现代戏不同于传统戏,现代戏舞台要形成画面,主要角色站在哪个位置,次要角色站在哪个位置,演员从此位置向彼位置的行走路线,必须做到方案里有安排,图纸上有标注。如此排戏,导演讲得明白,演员本色当行。"

"不服不行,舞台调度还有这么多学问!"

"小康用的那份心思,咱能做到吗?"

大家七嘴八舌,议论风生。

这天康庄收到了中央戏剧学院寄来的招生简章,专业是戏剧文学。上大学是他的梦想,他抓紧报上名,按照要求,给中戏寄去相关材料,分量最重的,是创作改编的剧本。

天遂人愿,中戏准考证发来了。康庄是地区最年轻的编导,事迹登上了全国报纸,学校对重点作者实行定向招生。

康庄没有想到,准考证拿到手,心里犯了难:领导对自己高度器重,事业蒸蒸日上,现在离开剧团,实在舍不得。更要紧的,自己抬脚走了,剧团一时没有编导,演出怎么办?

可到北京读大学,机会千载难逢,还能放弃吗?

不能。

琢磨了再琢磨,纠结了再纠结,心理的天平倒向上大学这一边。

时在 1965 年。

就在上一年，一个叫约瑟夫·奈的美国人，在哈佛大学拿到政治学博士学位，他在后来提出了影响世界的"软实力"理论。

康庄拿着准考证找到指导员刘忠礼。

不料，刘忠礼接过准考证，七尺男儿当场下了泪。

刘忠礼不能不难过，当初他把小康从桓台挖来，经过两三年摔打，小康成为剧团台柱子，他这一走，唉——刘忠礼不敢再想下去了。

你留下吧，小康！

你不走不行吗，小康！

剧团指望你吃饭呢，小康！

两行热泪，一口一个"小康"。

康庄心中原本忐忑，指导员声声"小康"，如鼓槌敲在他心上，他的眼泪也下来了。

国外有科学家，将眼泪分为情绪性眼泪（悲伤或感动时）和反射性眼泪（受到外界刺激时）。研究发现，情绪性眼泪含有较多蛋白质，反射性眼泪蛋白质含量要少得多。幸福所产生的眼泪无味，而痛苦产生的眼泪则非常咸。

康庄流的是情绪性眼泪，里面咸味不多，蛋白质含量不低，满含蛋白质的泪水里，有进退两难的痛楚，也有生逢知己的感动。

康庄生性善良，生性善良的人，架不住几句暖心话。

古人说士为知己者死，过去徐文团长是我的知己，现在刘忠礼指导员是我的知己，今生遇上知己，还能说什么？剧团需要编导，不能光想着自己上大学。

感动是一种神奇的力量。这种力量其实就是约瑟夫·奈1990年提出的软实力，软实力是靠吸引力发挥作用，不是靠强制力让别人做不愿意做的事。刘忠礼指导员软实力挺强的，几句热得烫人的话，烘得康庄心里热乎乎的。

康庄铁下心来留在惠民干革命。

国家发出号召，全国文艺团体学习乌兰牧骑，剧团分成两个团、几个小分队，下农村演出。下去时，演职人员住在农民家里。康庄积极要求进步，向组织递交了入党申请书，帮老乡打水、做饭、扫院子，样样争先，唯恐当不上活雷锋。

"你一门心思当编导了，画画丢下了吗？"我问。

康庄说："没有全丢下，每到一个新地方演出，我都带着一个画夹子，看到好风景，我就画点水彩写生。省里和地区办画展，还给我发通知。参加地区和省里美展，我送展的作品多是水彩画。"

中宣部和文化部向全国读者推荐了一百部优秀长篇小说。

"这一百部小说中有《铁道游击队》《红岩》《红日》《林海雪原》《烈火金刚》《青春之歌》《苦菜花》《敌后武工队》

《红旗谱》《播火记》，还有高尔基的《在人间》《我的大学》什么的……"

《春满山峪》

经过比较，康庄决定改编梁斌写的长篇小说《播火记》，剧本写好后，定名为《红缨歌》。那时没有知识产权这个说法，谁写的作品被改编是谁的光荣。

走在快活三里上

政治进步，业务突出，作为惠民地区文艺界学习乌兰牧骑的典型，康庄事迹上了《中国戏剧报》，他被选为地区学习毛主席著作积极分子。年轻的导演心里乐开了花，天空仿佛染成玫瑰红，调色板调不出来的玫瑰红。

人生如同登山，康庄今生百十次登临泰山，熟悉泰山上的一草一木。泰山道上有一处"快活三里"，行者跋涉至此，忽逢坦途，可以且行且歇息。康庄步入人生的"快活三里"，奋斗着快活着，他以为人生都会快活下去。宋代诗人杨万里写有《过松源，晨炊漆公店》六首，第五首诗云："莫言下岭便无难，赚得行人错喜欢。正入万山圈子里，一山放出一山拦。"康庄满眼玫瑰红，哪里懂得"一山放出一山拦"的道理？哪会想到"万山圈子里"前面，还有无数高山等着拦他。

时间到了1966年，"五一六通知"发布了。这一天，康庄以惠民地区学习毛主席著作积极分子的身份，在地区大会上作学习毛著的讲用报告。从他的报告中，听众知道了这位年轻人如何学习毛主席著作，在工作中做到又红又专；如何放弃读大学的机会，学习乌兰牧骑，扎根北三区为人民服务；最近又如何再接再厉，将反映农民跟着共产党闹革命的长篇小说《播火记》，改编成东路梆子戏《红缨歌》；现在《红缨歌》排练完成，根据话剧改编的《山乡风云》将于近期正式演出……

台上讲的激情满怀，台下听的大受感染。

报告人是编剧，演讲文本一流；上台演过角色，台风颇有演员范儿；关键还是报告内容，结实得像一块铁。

报告已过中段，接下来是煞尾。按照正常逻辑，下面的情节是这样的，报告人调动起昂扬的情绪，来一番"卒章显志"，在热烈的掌声中走下主席台。

假如"剧情"照这样安排下去，那就太好了。

可惜，内乱开始了。

彼时所有剧目停演，康庄作为"黑典型"受到冲击，已经排演好的《红缨歌》胎死腹中。这部没有完成演出的戏，是康庄创作完成的最后一部戏剧文学作品。

2021年11月11日，中共十九届六中全会通过了《中共中央关于党的百年奋斗重大成就和历史经验的决议》。《决议》指出："毛泽东同志对当时我国阶级形势以及党和国家政治状况作出完全错误的估计，发动和领导了'文化大革命'，林彪、江青两个反革命集团利用毛泽东同志的错误，进行了大量祸国殃民的罪恶活动，酿成十年内乱，使党、国家、人民遭到新中国成立以来最严重的挫折和损失，教训极其惨痛。"

快活三里真快活，可惜在他人生的第二段路途上只有三里。

康庄人生第二次优胜记略结束。

时间到了1968年，康庄开始设法调回济南。当年将小康劝留在剧团的刘忠礼，现在一心帮他办理户口迁移手续，好让他早日离开惠民。

手续办得异常顺利，康庄登上回乡的列车。

想当初自己被指导员的诚心感动，放弃进北京读大学的机会，为的是在剧团干一番事业。如今带着一串创痛回乡，康庄心里酸甜苦辣咸五味俱全，酸甜有几多，苦辣咸又有几何？

坐在列车里，康庄怎么理也理不清楚。

老天爷，你这是唱的哪一出啊？

呜——

列车一声长鸣，济南站到了。

"胜利"门口再遭滑铁卢

"回来比什么都好!"

母亲对返乡的游子说。

康庄来到派出所,找到民警梁叔叔。这位老户籍警是看着康庄长大的,没费什么周折,户口当天落下了。

这是个奇迹。

在人生最不顺的时候,也有命运之神的光顾,你得看得到。不然,你总爱埋怨命运的不公,总埋怨命运的人,难成大器。

为了生计,康庄与画友们画了一段时间的主席像,当时大街小巷都是红海洋,画像工作归分社(街道办)管,画好一幅,给分社留下八块钱,剩下的钱画家平均分。第一次画像挣了二十来块,他给母亲做了件棉袄,给弟弟做了条裤子。

凭着偶然的机会,康庄调入济南针织厂,针织厂是个大国营。康庄初在政宣部工作,每天无非是出出壁报,帮着宣传队搞搞演出。为了能有时间画画,他主动要求下车间,在漂染车间做了一名配料员。

是选择都要付出代价,漂染工艺从配料、洗车、染布到精炼,每个工序都跟化工原料打交道。工资里多了几块钱毒素费,解决不了污染对健康的伤害,为了能有时间画画,管不了那么多了。

康庄没想到,恰在此时,天上一块大馅饼正朝他砸过来。

中国大军区都有文工团,文工团都冠有名称,北京军区是战友文工团,简称"战友",济南军区是"前卫",武汉军区是"胜利"。

这一天,"胜利"来人了。

领队是一位女军官,"胜利"是来招文艺多面手的,要求招的文艺兵,能写能演、能编能导,越全越好,这样一专多能的文艺兵下部队,最受战士欢迎。

康庄有位朋友正巧与带队的女军官认识,他感觉康庄条件具备,便向"胜利"推荐了康庄。

康庄来到面试处,交上个人材料。

不愧是大军区文工团的,几位女兵英姿飒爽,普通话说得比播音员还好听,在红五星、红领章衬托下,人要多漂亮有多漂亮。

"领队好像叫刘什么荣来着。"康庄回忆说。

既然应招文艺多面手,他带来的材料,除了一摞摞剧本、导演方案，还有几张舞台照。照片上的康庄，身穿八路服，腰别二十响，手挥大砍刀，正与鬼子军官搏杀。

怎么看怎么像是给我们"胜利"准备的，女兵们没有想到，县剧团能走出这样的全才。

"你看，他做的舞台调度方案多细！"

她们翻阅着材料，随口议论着。

舞台照之三

康庄听在耳里，喜在心里。

"我们招的就是你这样的人才！"

军人性格直爽得很，说话一点不背人。

社会上流行当兵热，能当上女兵的，都是稀有金属，她们不是首长的千金，也是千里挑一挑出来的。

今后与"胜利"的文艺兵团结在一起，战斗在一起，胜利在一起，这人生太美好了！"四大爷儿子当兵了，再加上我一个，康家大家族就有两个穿军装的了。"康庄心想。

眼前的山东大汉就差一个出头机会了，这机会我们"胜利"给。

刘领队当场宣布："我们定下你了，你回去等通知吧。"

"厂里不放怎么办？"

"不放？这个不用你管，我们自有安排。"刘领队让他把心放到肚子里。

"胜利"的喜讯来得太突然，康庄还是有点隐忧。内乱开始，父亲头戴礼帽、身着长袍马褂的结婚照成了问题，三大爷历史上当过三青团的什么队长。——不过三大爷历史问题，没有影响到四大爷儿子当兵，说明我当兵不应该有问题。

军人最怕贻误"战机"，刘领队见康庄有点踌躇，一不做二不休，当场给他发下军装，几位女兵过来，七手八脚帮他穿上。

说打就打，说干就干，一派军人作风。

惊喜没有结束，发给康庄的军装，上衣有四个口袋。

1965年，我军取消军衔制，军装一共两种，普通战士上衣两个口袋，军官从排长到军区司令，再到军委主席，上衣口袋一挂四个。

在全国学解放军大背景下，即将成为特招兵的康庄，一入伍就是上衣四个口袋的军官，这与上艺校就算工龄比起来，与济南姑娘杨雅琴走进"前卫"比起来，馅饼大得惊人，能把人头上砸个疙瘩，康庄没有办法不兴奋，现在就差军装上的领章、军帽上的帽徽了。

走出面试处，康庄"春风得意马蹄疾，一日看尽'济南'花"的感觉出来了。《三国演义》上那句话怎么说来？对，"大丈夫生居天地间，岂能郁郁久居人下。"

康庄穿着一身绿走进家，一家人见状先是一惊，后是大喜。

套一句当时流行语，全家（国）形势一片大好。

直到夜深，他才把军装脱下来。躺在床上，回想这几年的苦辣酸甜，康庄激动得无法安睡。不管经历了多少坎坷，总算艺不压身，苦有所报。

他现在要做的就是等，只等通知一到，就和美丽的女兵们共赴武汉。到了军区，"一颗红星头上戴，革命的红旗挂两边"，人生大戏将从大武汉拉开大幕。

武汉三镇，九省通衢，长江岸边，一桥飞架南北，江上千帆竞渡。对了，听说那里的热干面不难吃。

今生第三次"优胜记略"说来就来了。

几天过后，他按照规定时间来到面试处。

坏了，一进门就发现，女兵们的脸耷拉下来了，一个个柳眉倒竖，普通话还是那么动听，口气全变了：

"你这人不诚实，你到底有几个大爷？"刘领队问他。

"我有三个大爷。"他诚惶诚恐地答。

"为什么不说三大爷的事？"

一切不用解释了。

康庄稳了稳神，脱下军装，自言自语地说："看来，我这辈子与当兵无缘了。"

从女兵们神色中，他读出了她们的无奈：不是不想带他走,是无法带他走。他能理解,换作他是领队,他也得这样做,军队对出身要求高,即使对文艺兵有所放宽,还是不够格。他把军装叠得整整齐齐放下,带着自己的"材料"走出面试处。

康庄后来知道,那时运动多,填表也多,父亲实在得很,把大家族所有成员的"明细"都交代得一清二楚。四大爷没这么傻,所以没有耽误他的儿子当兵、入党。康庄后来知道,他的档案里塞进了不该塞进的东西,三大爷的历史问题成了他的阿喀琉斯之踵。

康庄随后十数次办调动,都卡在档案这个"死穴"上,"胜利"这一出,对他打击最大。走在回家路上,春风不起,马蹄声不闻,两条腿像灌了铅,僵硬地挪动着。

推开家门,康庄大哭一场。

"那天心里太憋屈了。"

《佛山金秋图》

"胜利"门口再遭滑铁卢

"谁摊上这样的事不憋屈？"

"穿着军装就'洋化儿'了一晚上。"康庄笑着说。

"洋化儿"在济南方言里有"新潮""显摆"的意思。

天上掉下来的馅饼，砸是砸到头上了，可他接不住，不是没有实力，是手脚被捆住了。人生中的悲喜剧，终归是人生笑话。幽默大师林语堂说过："人生在世，还不是有时笑笑人家，有时给人家笑笑。"好长时间，康庄不敢跟人讲这个笑话，流血的伤口他得捂着，像动物一样躲在暗处偷着舔，生怕"给人家笑笑"。一个人成功了，才有资格向别人聊聊自己的滑铁卢，才有掀开衣服亮亮伤疤的自信。

从此，他一心画画了。

初进工厂那些年，他画的是清一色的人物画，有反映纺织一线工人生活的，像《开车之前》《锦上添花》，有反映古代科学家张衡发明地动仪的作品《伟大发明》，还有援外题材的作品《中国赤脚医生在坦桑尼亚》。作品先后在省、市美展中获奖。渐渐地，康庄在省城画坛上开始出圈了，省里市里凡有重大活动，他常被抽调出去搞创作，如此一来，可以脱产画画了，公家还给听（供）着笔墨颜料，羡慕得一帮画友了不得，用句济南方言，这叫"你不的"。

北极庙前打滑梯

大明湖北岸，有一座北极阁，老济南习称北极庙。北极庙坐北朝南，始建于1280年，是济南最大的道教庙宇。游人到此，沿30级台阶拾级而上，登阁眺望，两岸烟柳如诗，湖光山色如画，一片好风光。

北极庙西边是铁公祠。清代作家刘鹗在铁公祠前目睹过大明湖"佛山倒影"的胜景，他将此景记录在小说《老残游记》里，这是"佛山倒影"首次出现在中国文学史上。

那一段文字是这样写的：

"朝南一望，只见对面千佛山上，梵宇僧楼，与那苍松翠柏高下相间，红的火红，白的雪白，青的靛青，绿的碧绿，更有那一株半株的丹枫夹在里面，仿佛宋人赵万里的一幅大画，做了一架数十里长的屏风。正在叹赏不绝，忽听一声渔唱。低头看去，谁知那明湖业已澄净的同镜子一般。那千佛山的倒影映在湖里，显得明明白白。那楼台树木，格外光彩，觉得比上头一个千佛山还要好看，还要清楚。"

北极庙
〔日〕岛崎役治
摄于1929年

回到北极庙上来。

北极庙30级台阶上，有两条斜斜的石板从上至下，将台阶分割成三部分，两条石板就成了天然滑梯。每逢周日或节假日，这里孩子们的欢呼声、惊叫声响成一片。由于坡陡"梯"长，开始打滑梯，需要一定胆气，胆子小些的，先从半截腰开始，循序渐"下"，慢慢加大长度，直到一滑到底。

滑梯经久摩擦，滴水石穿，磨出深深的凹槽，带凹槽的滑梯成为大明湖一景。包括笔者在内，不知多少孩子用屁股为凹槽做过贡献。后来，有关方面以策安全，加装了金属护栏，滑梯前的喧闹声成为往事。

是个风和景明的日子，康庄一家三口来到大明湖，走到北极庙前，康庄夫妇想让孩子打打滑梯，继续为凹槽的深度做点贡献。

无巧不成书,他们在此邂逅了老朋友一家,对方也是带着孩子打滑梯的。老朋友又是老画友,多年未见,彼此亲热得不行。康庄告诉他,自己从外地调回济南了,过去干了几年编导,把画画的正事丢了,现在正在重拾画笔归队。

老朋友谈了近况。康庄说:"我听说了,这几年你了不得了,画展引起轰动,真得向你学习,你以后多多指点吧。"

谁知,一提画画的事,老朋友刚才一脸热乎劲儿,瞬间找不到了,表情变得有些不耐烦。

"画画不容易啊,放下就拾不起来了,练练看吧,不行就干点别的。"老朋友的口气漫不经心。

康庄开始没有察觉,仍在自顾自地说着,忽然间转过神来,老友似在提醒自己,我们不是一回事了,彼此叙叙旧可以,若再谈画画,如同斗蛐蛐,双方对不上牙板子了,不能在一个罐儿里"斗"了。

康庄万没想到,老感情也会打滑梯,刚才都站在30级台阶上,说话工夫,朋友出溜到30级台阶下边了。

他完全没有心理准备,带着妻儿往家返。

走在路上,妻子侧头,发现丈夫眼里泪光闪动。

这是康庄在专业上受到的第二回刺激,上一回是东路梆子剧团老艺人给他的,这一回是老朋友给他的。老艺人说的是"你站站我看看",现在老朋友的表情分明在说"你画画我看看"。

人的表情是一种用面部肌肉完成的行动。

这种行动能给人激励，能给人伤害，能给人刺激，也会使人发愤。

对于勇于发愤的人物，刺激是人生起飞的发动机。

当年陈独秀首见沈尹默，开口对沈说：你的"诗很好，而字则其俗在骨，可谓诗在天上，字在地下。"陈一语既出，把沈尹默刺激得不轻。学者、诗人沈尹默后以书法名世，陈独秀的直言快语是重要因素。

在美术界，因受刺激转了行，成为大师的人物是齐白石。

齐白石原名纯芝，木匠出身，他开始学木匠，是跟着齐师傅学"粗木作"（也称"大器作"）。一天，他与齐师傅走在田野小路上，看见对面过来三个人，他们背着工具箱，一看就是木匠。齐师傅立住脚，满面堆笑，问好不迭，对方表情倨傲，应付了齐师傅一句，便扬长而去。齐白石问：都是木匠，师傅对他们为什么这样恭敬。齐师傅说："我们是大器作，做的是粗活，他们是小器作，做的是细活。他们能做精致小巧的东西，还会雕花，这种手艺，不是聪明人，一辈子也学不成的，我们大器作的人，怎敢和他们并起并坐呢？"

齐白石暗下决心，一定转行小器作，他要做个会雕花的"聪明人"。祖母和父亲支持他的打算，齐白石辞了齐木匠，拜周木匠学习小器作。小器作需要雕刻，雕刻需要画图案，齐白石绘画天才由此释放,天赋加上用功,找"芝木匠"画画的人多起来,木匠变成画匠。再后来,画匠走出湘潭,走出湖南,闯进北京,在北京完成衰年变法,独创红花墨叶一派,湖南少了位好画家,中国诞生了一位绘画大师。

"芝木匠"不受刺激、不转行,不会变成齐白石。

现在轮到康庄转行了。

康庄回到家,扯过纸来,挥笔写上七个字:画不惊人死不休。写罢将纸条贴在土坯墙上。

他对妻子一字一顿地说:"刘大平你听着,我告诉你,从现在开始,我要画山水了。我要是有一点偷懒,你时刻监督提醒我,我就不信画不过他!"

康庄不是没画过山水,只是没有定向。他后来画山水成了大器,特别是在水的画法上取得突破,多亏北极庙滑梯前受了刺激。

话说回来,除了庙里的泥胎,只要是个大活人,谁没有犯过糊涂?老朋友终究是老朋友,两人后来也有过龃龉,再后来彼此说开了,朋友还是朋友。

从这天起,康庄专攻山水了。

风雪夜归人

王天池先生1983年调入济南画院,担任副院长 康庄摄

　　回到济南后的一天,康庄去拜访老师王天池,师徒俩多年未见了。

　　王天池从后营坊街搬到了馆驿后街,人尚在蒙冤中,每天扫完大街,还得去街道干部那里汇报思想。经过运动折腾,老人目光呆滞,一脸沧桑,竟然没有认出眼前的学生。

还是师母眼神好:"这不是康庄吗!"

师徒相认,不胜唏嘘。

听说康庄改画山水,王天池取出两本珍藏的册页,让他带回家去临摹,其中一本是姚华的册页。姚华不简单,他是末代进士,"一代通才",与梁启超、鲁迅、陈师曾、齐白石、梅兰芳均有交谊,曾任北京女子师范校长、京华艺专校长。

学生接过册页,既感动又惊喜,王老师变的什么戏法,让两本珍贵的册页躲过劫火,三变两变,变到自己手上?

老师对学生说,回去好好地临摹,到时候你得给我交作业。

王老师的殷殷交代,让他想起风雪拜师那一幕。

约在1958年,康庄、冯俭和戴方同时迷上了王天池的小画。小画是王天池画的书签、贺卡,摆在院西大街(今泉城路)新华书店橱窗里。

书店里的书架上挂着王天池肖像,下面有介绍:画家王天池,号黄山,齐白石先生入门弟子,擅画花鸟草虫,画艺得白石老人亲授云云。

王天池手绘的荷花、喇叭花、螃蟹、小虾,生动鲜亮,红花墨叶的设色,一看就是典型的齐派。这些小画片,在孩子眼里就是天上的神品。有零花钱时,他们买上几张,带回去临摹。没有钱的时候,趴在橱窗前过一过眼瘾也是挺享受的。

三人当中,最着迷的要数冯俭,冯俭课本上,螃蟹和小虾爬的到处都是,那是他画的"仿品"。课余时光,三人常结伴来书店，看看有没有王先生新作。来的次数多了，与店员熟识了，他们打听王先生住哪里，店员回答说不清楚。听说孩子们要拜师。

"那你们得碰，王先生哪天来不确定，他觉得他的画卖得差不多了才过来。"店员告诉他们。

三人约定，每个周日到书店来候王先生，这一候就是半年多。

是个大雪天的下午，三个小画伴又来了。店外大雪纷纷，店里点着火炉，温暖如春。当天顾客不多，三人和店员随便聊着天。时已黄昏，电灯亮起来，忽见棉帘掀处，进来个老人。他留着胡子，穿着棉袍，拄着文明棍，一身民国打扮。康庄眼尖，忙问店员，来者是不是王先生，得到确定后，三位少年扑通跪下了。

跪前没有约定，动作没有口令。

跪你没商量，背后是三位少年热爱美术的一颗心。如今艺考大军衮衮诸"子"，有多少人少了这颗心？

说时迟那时快，王天池见状一惊，连忙紧走两步，把三位孩子拉起来。

"这是怎么回事啊？"他回头问店员。

店员笑着告诉他，三个孩子等你半年了，他们要认老师呢。

古有程门立雪，今有雪夜候师。

王天池感动了，他问了孩子们情况，给他们留下家庭地址，让孩子们去家里找他。

时间不长，他们三人找到后营坊街王天池的家。

康庄回忆说：王先生房子很普通，走进门就见墙上挂着白石老人与他的合影，旁边挂着一个大镜框，里面镶着白石老人为王先生母亲生日画的寿桃。

"那可是齐白石大师真迹啊！我们三个激动得了不得！"

王天池说："你们功课这么忙，还喜欢画画，非常难得。我现在不知道你们的水平，我要对你们因材施教。你们下回带画来，也可以把画寄给我，我根据你们的情况教你们。"

从此，后营坊街成了他们交作业和通信的地方。

王先生每次来信，抬头就是"康庄、冯俭、戴方"。这样的日子持续了有一年半，直到他们毕业去了外地，才与王先生失去了联系。王天池最后一次复信，只有六个字："有志者事竟成。"后来康庄冯俭通信，常用这句话共勉。

拙作初稿在爱济南客户端连载时，康庄用微信发给老同学冯俭，冯俭看罢不胜唏嘘。白驹过隙，岁月如电，他们与戴方在新华书店拜师的场景，在后营坊初见齐白石寿桃的一幕，一切的一切，仿佛发生在昨天。两位老同学感慨一阵，回忆一阵，双方将记忆的底片，慢慢拼接出来，在脑海里显影，在对谈中定影，冲洗出来的"照片"清晰如昨，上面记载着少年同学情，记载着难忘的学艺路。

一个人奋斗过了，回忆里即使有一串苦涩，总归是美好的。

岳祥书当头就是一棒

岳祥书先生

恢复了与恩师联系后，关友声之子关天骏也向康庄伸出援手，他把父亲在民国出版的画集、诗词作品借给康庄。画友之间经常传阅资料的，是好朋友张宝珠。

"你对张宝珠先生的画怎么看？"笔者问。

"宝珠有天纵之才，他的笔墨功夫深，能玩得转笔墨，他得黑伯龙先生真传。画画下死功夫白搭，画家得有天赋，宝珠天赋好又用功。"

康庄早想拜见大画家岳祥书，听说同事侯蕴增与岳祥书熟识，便与他赶到岳家，拜见了这位齐鲁画坛大家。

岳祥书是齐鲁画坛上的一位绘画全才，国画、西画兼善，山水、人物、花鸟无所不能。有专家对笔者说，关黑弭岳四大家只有岳祥书是个画画的。

"此话怎讲？"我问专家。

"关家是盐商，黑家、弭家也是有钱的人家，他们不愁衣食，不靠卖画吃饭，只有岳祥书，民国就是职业画家，靠卖画养家吃饭。"

康庄小时候在北大槐树街，隔着玻璃窗见过岳祥书画擦炭像。擦炭像就是用炭笔擦出的人物肖像。过去到照相馆放大照片，普通人家放不起，济南老家庭挂的前辈肖像，多为擦炭像，很多出自岳先生手笔。

"岳先生画的擦炭像，那真叫活灵活现。我小时候看他画过擦炭像，人像上那一根根胡须，是他用橡皮一下一下蹭出来的，太神奇了。"

首次见面，康庄向岳祥书报告了学画经过。听说他学过西画，老人一口气问了鲁本斯、莫奈、马奈、马蒂斯等一大串西方画家名字，这些画家康庄有的答上来，有的答不上来。那时美术教育学苏联，苏联画家列宾和苏里科夫在中国最出名。

"还画西画来，连这些人的名字都不知道。"岳祥书说。

"只要你真心学画，岳老是倾囊相授。"

20世纪70年代中期，某天，针织厂举办美展，康庄与侯蕴增将岳先生接到厂里，请他现场指点。岳祥书先看了他画的人物，回头说道："你的人物画得不错。"

康庄正在得意，哪会料到，岳祥书看了他的山水，当头给他一棒。

"你这是画的什么一套啊！要笔没笔，要墨无墨，无笔无墨无章法！"

全否了？

全否了！

岳祥书这一棒打蒙了康庄。

好在他已非少年，经历过磨难，心胸宽博多了，理性告诉他，大画家不会说错，在真理面前，投降得越快，进步得越快。

"岳先生，我的山水刚起步，你老人家告诉我怎么办吧，我怎么做才能有笔有墨有章法？"

"临石谿，临八大，临石涛。"

老人稍一思忖，斩钉截铁地说："不临别人，就临石涛！"

过了一年半载，康庄来到北大槐树街，向岳先生交"作业"，老人看后露出笑容："哎，你这个孩子还真听话来！"

"你对岳先生的画如何评价？"笔者问。

"岳老把素描的基础和彩画的色彩，都能用到国画上，他的造型太准确了，构图太舒服了。要不是命运坎坷，他老人家多活十年，能与苦禅老并驾齐驱。"著名美术评论家邵大篆评价岳祥书："他不固守北派国画传统，敢于吸收南方画派营养，这大概就是在他的国画创作中有海派影响的原因吧！"

笔者深以为然，齐鲁画坛老一辈，中西兼善、打通南北的画家，唯有岳祥书。山东画家最需要学习岳祥书的地方，是老一辈画家的眼界和胸襟。岳祥书说过："历代山水画家，有谁能把五岳画在一起，我能！"

只有绘画全才，才敢这么自信。

初识高人魏启后

按察司街北起大明湖路，南到泉城路，明清提刑按察使司设在街南口，老街由此得名。康庄住在街北口9号，是个小十字路口，东边苗家巷，西边指挥巷。

魏启后先生 康庄拍摄于1974年

拜过岳祥书，康庄人生中的贵人出现了，他的名字叫魏启后。魏家住县学街1号，离按察司街9号只有百十来米。

一个闷热的夏天，康庄光着膀子，正在挥汗临摹夏圭的《长江万里图》，忽听门外有人叫：

康庄、张宝珠与曹庚生先生 摄于20世纪70年代

"康庄！魏先生和刘先生来了！"

当时正式场合能公开称为"先生"的人，全中国只有一个鲁迅，是个故去几十年的伟大人物。"先生"只能在私密场合里称呼，能被称为"先生"的，肯定是位高人。

康庄一个机灵，慌忙穿衣服。

这边衣服还没穿上，那边客人踏进了屋门。

"哈哈，这里没有外人，咱们就赤诚相见吧！"

来人不幽默不说话。

魏先生是魏启后，刘先生是刘春浦。

康庄抬眼打量，前者白净面皮，天庭饱满，眼睛里闪着睿智；后者长髯飘雪，仙风道骨，手中的蒲扇挥个不停。

将两人引进门的，是针织厂同事张硕。张硕与魏启后同住县学街，平时常向魏启后讨教，与康庄成为同事后，他开始跟着康庄学画。康庄早就听张硕说，魏先生是个高人，一直想找机会拜访，没想到魏先生上门了。

刘春浦也颇不简单，是位有名的鉴定家，曾被请到北京故宫搞些古物鉴定。

两位高人围绕着《长江万里图》聊起来。《长江万里图》是中国山水画史上永恒的主题，从古至今画过《长江万里图》的画家代不乏人，代表性画家有：南宋夏圭、赵黻，元代王蒙，明代戴进、吴伟，清代王翚。至现代，张大千、溥心畬、吴冠中都画过《长江万里图》。

《印象九如山》

康庄临摹的《长江万里图》，是从民国出版的《故宫旬刊》上裁切下来的。《故宫旬刊》每月三期，采用珂罗版技术，刊物印刷精致，每期有十来个画页。康庄家藏的《故宫旬刊》不少，不知为什么，唯独缺少了这一期。他能临摹到杂志上的《长江万里图》，多亏了画友张宝珠，他借来《故宫旬刊》，临摹完了，把杂志与自己的摹品一并借给康庄。当时美术资料稀缺的窘况，是现在的年轻画家无法想象的。

"提起画《长江万里图》，我想起来了，这事还对不起宝珠呢。"

"为什么？"

康庄说："我的房子是个土坯房，屋里潮气大，把人家宝珠画的《长江万里图》长卷给沤了。给宝珠道歉，人家一笑了之，哈哈。"

康庄记得，这幅印刷品长约十来米，最让他受益的地方是画作的卷首部分：汹涌的长江水从山中流出，水遇礁石激起巨浪，这一切全用线描出，细腻传神。康庄后以画水称雄画坛，《长江万里图》是他画水的开蒙老师。

夏圭与李唐、刘松年、马远并称南宋四大家，他与马远并称"马夏"。夏圭初师李唐，后取范宽、米友仁之长而自成一格。夏圭与马远同属"水墨苍劲"一派，其笔法刚劲简括，水墨淋漓。马夏一改北宋全景式画山水的画风，采用局部特写构图，故被称为"马一角""夏半边"。《长江万里图》

是全景描绘，可见夏圭并非只取半边之景，"夏半边"是古人对他山水画风格的"极言之"。

刘春浦说：这幅《长江万里图》藏于台北"故宫博物院"，作者是不是夏圭尚有争议，可能是托名，尽管如此，这幅长卷还是非常精妙。

魏启后接过话头：夏圭的山水是好，他与马远一样，取景高度概括，善于留白，画面空灵，诗意盎然。不过只有到元四家那个时候，中国山水画的真正高峰才会出现。

高人与高人对话，如春风化雨，康庄听得浑身通泰。

整整一个下午，他们从董巨李范、刘李马夏聊到黄王倪吴，不觉已到饭时，二人起身要走。康庄挽留不住，他握住魏启后的手说："先生一席话，胜读十年书。我正在研究山水画的传承演化，想写点东西，今天茅塞顿开，希望日后得到您的指点。"

魏启后喜出望外，说道："这么多画画的，只知道画，你是第一个有想法的，你若能写太好了，我帮你理一理。正好，我有些话想说没地方说。"

康庄看见，刘春浦老人走出老远，依旧挥扇不停。

从这天起，康庄与魏启后结下了亦师亦友的交情，直到魏先生离开这个世界。

花窗沙龙神仙会

魏启后先生与曹庚生先生在一起 康庄摄于1974年

魏启后是书画大家,也是康庄的良师。老师的许多观点后来成了学生的观点,老师的圈子成了学生的圈子。康庄山水画上的成就,一是悟性好,二是爱读书,三是进了一个好圈子,要不怎么有人说,圈子对了就什么都对了。

康庄结婚后,把房子接出来一块,虽是间土坯房,窗户是老式窗棂的那种。康庄当时经常临怀素的《苦笋帖》，此帖书法秀健，结构舒畅。王天池为此给他题写了斋号"苦笋斋"，寓意主人如苦笋破土而出。魏启后戏言：还斋来，连个腔都掉不过来。他见康家花盆里栽着竹子，就题写了"小竹精舍"，一"斋"一"舍"上了墙，土坯房里雅气了许多。

魏启后当时病休居家，他家只有一间屋，后来隔出个小间，小间里架着吊铺，下边放着小桌，读帖写字全在这里了。与康庄结交后，康家就成了他的会客室。或是晚上，或是周日，他要不自己来，要不带朋友来，一来二去，客人滚雪球一般越滚越大。

魏启后戏称这里是"裴多菲俱乐部"，这个词儿让人脊背发凉。康庄说窗户有窗棂子，就叫"花窗沙龙"吧，花窗是中，沙龙是西，画画我想走中西结合的路子，魏启后连声称好。

沙龙文化滥觞于法国，历经两个世纪，对法国的文学、艺术和哲学产生了深远影响。主持沙龙的是贵族夫人或是小姐，像17世纪的朗布依埃"蓝色沙龙"，18世纪的乔芙林夫人的哲学沙龙，莱斯比纳丝小姐的百科全书沙龙等等。有资格走进沙龙的人，皆为一时人物，进沙龙的宾客不是凭权位、砸法郎，靠的是天才、学问和风度。

"花窗沙龙"哪有那么"洋化儿"，泛潮的小坯房里，没有咖啡的香气，珠光宝气的贵妇人远在法兰西历史的天空。这里唯有花茶一杯，地瓜干酒二两，一听罐头，再来盘花生米，高谈阔论就开始了。

大致算来，来过"花窗沙龙"的人物，有黑伯龙、弭菊田、岳祥书、曹庚生、张彦青、宗惟成、王企华、张鹤云、刘鲁生、王天池、刘如璞、周伯鼎、黄立孙、刘春浦、陈左黄、刘敦和、刘效飞、汪长庆；外省来的艺术名人有朱恒、卢坤峰等等，一句话，省城内外的画家，能来的，该来的，都来了。同辈画友张登堂、孙敬会、张宝珠、李承志、尹延新、解维础、关天骏、刘国瑞、欧阳秉森、崔辉、周朝金、王亦农等等，无不是常客。魏启后有时天天光顾。"花窗沙龙"阵容极一时之盛，办一所美术院校不成问题。

谈笑有鸿儒，往来无白丁。各路神仙聚一起，说古论今，谈书论画，聊得兴起，研墨铺纸，你画几竿墨竹，我补两只黄雀，你绘一幅春山，我来题写款识。偶有不同意见，间或面红耳赤，转眼间烟消云散，加上魏启后幽默诙谐，最会转圜，一屋人谈天说地，其乐融融。

玩到高兴处，皮黄唱起来。刘春浦深谙京戏三昧，哪一出是二黄，哪一出是西皮，这位名家唱出来是个什么味道，那位名家唱出来是个什么味道，刘春浦先唱后讲，如数家珍。

身高马大的崔辉，是个性情中人，喝高兴了就开腔，韵味不及刘春浦，激情更胜一筹，大嗓门一起，声震屋瓦，全不管窗外已是月上中天。康庄四大爷被搅扰得无法安睡，抄起棍子轰人，老人也就是吓唬一下完事。客人下次再来，喝高兴了还唱，老人又拿起棍子，如此这般，又是一晚。

"那时候大家围坐一堂，谈的都是艺术，没有谈人的，没有任何功利，不用序齿，全都没有架子，这样的感觉再也没有了。"康庄说。

"家里常常宾客盈门，你的开销受得了吗？"我问。

"那时简单啊，一盘花生米，一瓶水果罐头，就能玩一晚上。再说我的父母对我的待客方式都习惯了。"

最明事理的是妻子刘大平。

说起来，二人结合全凭缘分。康庄母亲是刘大平的师傅，父亲是她的中学老师。这一天，刘大平跟着师傅来家，意外瞧见了康玉亭老师，问道："康老师，你怎么在这里？"

"这是我的家啊。"康玉亭老师说。

父亲的学生、母亲的徒弟后来成了康庄的妻子。刘大平人长得俊美，心胸开阔，待人古道热肠。婚后，她一心成就丈夫事业，买米买面拉蜂窝，一人全担起来。康庄说："她孝敬公婆，和我家亲戚都处成了朋友，我敬重的人她全敬重。"

来了客人，刘大平倒水、做饭，送往迎来，搁别的女人早烦了。

回忆初见刘大平的情景，康庄说："她那天穿着自己做的方格裤子，裁剪得非常合体，我感觉这女的挺赛！"

"赛"在济南话里，有"好""新奇"和"不一般"的意思。几十年来，夫妻俩相濡以沫，共渡时艰，同享欢乐。回头看看，刘大平为人处世就是不一般,谁娶她做妻子,是谁的福气。

有位伯乐后来发现了刘大平,认为她有组织能力,憋屈在小厂里瞎了,提出为她办个调动。

刘大平说:"工作我就不动了,我把自己奉献给康庄和孩子了!"

她就是这么个人。

康庄，你得照着最高点使劲

康家斜对过是家酱菜铺，魏启后不问家务，唯一做的就是打酱油买副食。到了铺子里，他把瓶子放下，交代柜台一会来取，转头走进康家，写写画画，聊聊啦啦，时间过去了。

魏夫人等着炒菜，丈夫一等不来，二等不来，她给儿子说：你爸爸准是上康庄家去了。

小儿子魏宝乐来找，见爸爸果然在这里，他说："俺妈说来，你打的酱油还没酿出来吗？"

"你上对门拿去吧，我再待一会儿。"魏启后说。

一会儿，是多大一会？家人也懒得问，随他去了。

"这么说来，魏老对你艺术的影响是最大的？"

"是啊，可是我称他老师，他总不愿意，他让我称他'老魏'，他一再说咱们是兄弟、是朋友。魏老指点的晚辈不少，可他从没有承认过谁是他的学生，他高就高在这里。你想，'老魏'是我叫的吗？我坚持称'魏老师'，他只好让步，他就是这么个人，"

"魏老书法是公认的，你何时知道他画得好？"

"有一回我对他说，光见你画竹子、石头了，没见你画过山水。结果他一落笔，让我吃一惊，他的山水太高了。"

有那么几天，魏启后一气画了十二张小幅山水。康庄说咱找人裱裱吧。魏说咱请不起人家，咱自己裱，咱俩这么聪明的人，还干不了这个活吗？两个人还真把画裱成册页了，他们请黑伯龙、弭菊田、黄立孙、陈左黄在册页上题了跋，魏启后在封面题上"卧游"。

"卧游"典出南朝大画家宗炳，他是中国第一篇山水画论《画山水叙》的作者。宗炳西涉荆巫，南登衡岳。晚年病居江陵。无法漫游了，他便将游历所见绘于居室壁上，自称："澄怀观道，卧以游之。"元代画家倪瓒在《顾仲赞见访》写道："一畦杞菊为供具，满壁江山作卧游。"

康庄说："魏老从1972年左右到改革开放这段时期，是他学术和创作上的黄金时期，他的书法崇尚晋人，绘画崇尚元四家，所以斋号叫晋元斋。他从那时候开始研究米芾、倪瓒，书法开始求方。马王堆简书刚刚出土，他很快能把简书的笔法用到书法创作上。"

南朝宗炳的隐逸人格对倪瓒影响很大，倪瓒对士大夫的影响延续到明清。明代戏曲理论家何良俊说："云林书师大令（王献之），无一点尘土。"明代江南人常以有无收藏倪瓒的画，作为雅俗之分，倪瓒被大不列颠百科全书列为世界文化名人，自有硬道理放在那里。

我问康庄："魏先生在元四家中最推崇倪瓒，倪的人格必然影响到魏的人格。问题是你是西画出身，魏先生是文人画一路，两人怎么聊到一块呢？"

"我佩服他就佩服在这里。魏老告诫我，学习古人上来就学最高的，不要从半截腰学，不要从低层次上学。你得知道历史的最高点在哪里，康庄你得照着最高点使劲，不要照着末流使劲。"

魏启后认为，中国山水画有三个高峰，第一个是五代到北宋，第二个高峰出现在南宋，第三个高峰出现在元代。五代到北宋，山水画处于启蒙阶段，前边没有任何范本可以让画家对照着临摹，画家只能面对大自然直接写生，这就诞生了荆浩、关仝、董源、巨然四位里程碑式的人物。五代的荆关董巨，加上北宋的李成、范宽，他们凭着对大自然直接写生，闯出山水画的新路，创造了第一个高峰。

杂文家邓拓说过同样观点：古代大艺术家，创作没有蓝本，"他们对于客观事物的描绘，完全是凭着他们自己直接进行细心观察的结果。他们并且必须独立创造一种在当时是崭新的艺术表现形式，去反映客观事物。因为他们往往是没有前人的创作做蓝本的。"

超越前人，方有高峰。

荆浩放言："吴道子山水有笔而无墨，项容山水有墨而无笔，吾当取二子之长，成一家之体。"没有对前人的超越，哪有如此自信？荆浩将笔与墨放到并驾齐驱的位置上，确立了中国画笔墨原则。

魏启后认为，南宋虽然偏安一隅，但是随着都市兴起与繁荣，文化尤为昌明。这时期的最优秀的山水画家代表，不用说就是南宋四大家（刘松年、李唐、马远、夏圭）。马远、夏圭在构图上喜欢取一角、半边之景，画面侧重一隅，意境却也开阔，被称为"马一角""夏半边"。马夏画风左右了南宋150余年，对后世产生了很大的影响。

元代画家的杰出代表是元四家（黄公望、王蒙、吴镇、倪瓒）。他们无一例外都是山水画家，以黄公望、倪瓒成就为最大。魏启后认为，在异族统治下，这些画家遁入山林，远离政治，不与当局合作，这种自立自强的精神，在创作中表现为鲜明的个性。他们都是文人，画作脱离写实，开始抒情写意，这是由他们的精神状态决定的。

魏启后认为，元四家的突出贡献，一是以书入画，把书法的用笔引用到绘画中来，用书法的线条抒写情怀，画出了文人画（士气画）。二是把绘画与文学高度融合。他坚持认为，将绘画与文学高度融合在一起，是元四家完成的。通过他们的努力，形成了中国文人画的风范。在元代之前，中国绘画基本不题款或题小款。从元代开始，诗书画合一，成为中国画的标志。

魏启后的观点持之有据。绘画到了元代，画幅的款识诗文、题押放到重要位置上。据美术史记载，首位将书法用笔用到绘画上的人，是"画龙点睛"故事传说里的主角、六朝画家张僧繇，不过张僧繇只是用上书法一些技艺，还谈不上以书入画。到了元代，以书入画才成为画家的集体意识，成就了文人画。

魏启后强调，在元四家之前，有一个代表性人物赵孟頫。在山水画大转折当中，赵孟頫起的作用至关重要。赵孟頫艺术修养非常全面，他将诗与书法融入绘画语言，把文人画推向一个新的境界。他对元四家影响太大了，王蒙是他的外甥。

同样持之有据，明代王世贞说："文人画起自东坡，至子昂敞开大门。"宋代苏东坡说过："画至吴道子，古今之变，天下之能事毕矣。"大才子苏东坡一生说过聪明话无数，这句话是不是说早了？美术史家普遍认同张彦远的观点，"山水之变，始于吴，成于二李"。

"我问过魏老，中国山水画三个高峰之后，有没有第四个高峰？"

"魏老怎么说？"

"他说没有了！中国山水画没有第四个高峰！"

魏启后说，明清之后的山水画基本是保守的，因袭前人，循规蹈矩，一味地模仿前人，大书画家董其昌是位摹古派。山水画到了元代已经达到峰巅，再也不可逾越了。明代尽管出现了明四家（唐寅、文徵明、沈周、仇英），但是没有一人能超越元四家。到了清代，就更没人了，你看"四王吴恽"（王时敏、王鉴、王翚、王原祁、吴历、恽寿平），他们除了模仿还是模仿，没有自己的面目，作品缺少生气，笔墨固然很好，可惜陈陈相因，没有创造。

这与林风眠大师观点近似，林风眠说："清代而后，除摹仿别人笔墨以外，很少能含有时代之意味或能独创一种作风的；降至现代，国画几乎到了山穷水尽、全无生路的趋势。"

为什么会走到这一步？

笔者同意他的学生吴冠中的观点。

吴冠中认为："宋以后中国绘画倾向于向单一的笔墨情趣发展，路越走越窄，形式日趋雷同，陈陈相因。顾恺之、吴道子、李公麟、贯休等大师们的造型观和艺术表现的力度和深度没有得到足够的科学分析，只是被归纳为多少多少种描法。同样，山水画也归纳为多少种皴法，舍本求末。既定法，法就有限，表现能力于是愈来愈薄弱，僵死、干瘪。"

古代中国绘画传灯至明朝，光焰黯淡下来，偶尔灯火一亮，出现一代之人物，如董其昌，如八大，如石涛，但作为一个整体，再也没有放出夺人的光彩。

康庄说："魏老的观点常常让我听得一震一震的，感觉学了一招，又学了一招。他讲的学术观点，有的我当场叹服，有的乍听心里抵触，后来越琢磨越有道理了。"

"可以举例吗？"我问。

"可以啊，我说我都快三十了，学书法再从楷书上手没大有必要了，我从别的地方上手行吗？他说，你这就对了。你看看书法发展史，楷书出现之前是什么书法？书法不是一开始就有楷书的。他主张我写章草。我说不会走就跑吗？他说章草比楷书早啊，他让我临摹索靖、宋克的《急就章》。《急就章》有多个版本，魏老特别推荐明代宋克临摹的《急就章》。宋克的版本现存三个，我临摹宋克最多。之后，他又让我写写隶书，说这样对绘画有好处。"

"你感觉怎么样呢？"

"魏老全说对了。"

"魏老打过这样的比方，黄公望、王蒙是古代最高的素描画家，他们用线条画出物体的明暗凹凸、前后层次关系和架构。倪瓒是古代最好的速写画家，他用笔简括，比黄公望、王蒙用笔要简括，线条更加洗练，没有一笔多余。魏老的话未必每句都那么确切，但他说得这么形象，比一般文人书画家高出许多。"

康庄请他题写座右铭，激励自己发愤努力。

"我不给你写，画画是玩的事，别太当回事。魏老见我不解，便问我：你知道最早的画是怎么产生的吗？是自娱啊，首先是自娱，然后才是娱人。魏老写了'心画'二字送我，意思是画由心出。"

"自娱"同样典出倪瓒，倪在《答张仲藻书》中说过："仆之所谓画者，不过逸笔草草，不求形似，聊以自娱耳。"魏启后"心画"二字也有典，语出扬雄《法言·问神》："言，心声也；书，心画也。声画形，君子小人见矣。"

宗炳认为，绘画目的是"畅神"，"畅神"就是心情愉快。与他同时代的王微在《叙画》一文中指出，山水画不是地理图形，表现的是画家心灵。现代美学家宗白华写过一篇《中国艺术意境之诞生》，收在他的《美学散步》里。文中引用清代方士庶的话，表达自己的看法："山川草木，造化自然，此实景也。因心造境，以手运心，此虚景也。虚而为实，是在笔墨有无间——故古人笔墨具此山苍树秀，水活石润，与天地之外，别构一种灵奇。或率意挥洒，亦皆炼金成液，弃滓存精，曲尽蹈虚揖影之妙。"

宗白华认为："中国绘画的整个精粹在这几句话里。本文的千言万语，也只是阐明此语。"

"中国绘画的整个精粹在这几句话里"？

这个断语下得片不片面？

初读《美学散步》，此语让我惊心；重读，还是让我惊心。

20世纪80年代中期，笔者采访过魏先生。那时他一家已从县学街搬到一大马路，家里偶有人来，还算清静。后来，魏先生的房子越住越大，求字的索画的，里屋一拨，外屋一拨，门口还有一拨，就差叫号了。

中国女排当时在世界大赛上连创佳绩，"拼搏"一时成为热词，我同魏先生不知不觉谈到了"拼搏"。

魏先生笑道："拼搏放在别处可以，放在书画上不行。写字没有办法拼搏啊，嘿嘿，写字要拼搏，可就坏了，嘿嘿！"

说着话，老人起身站在屋当面，两脚分开，双手攥成拳头，胳膊绷住劲一边往里斗，一边往下抻，架势像街头练把式的，深吸一口气，气沉丹田，立住了门户。

"你看，写字画画不能这个样，两只胳膊上都是劲疙瘩。"
在场的人无不捧腹。

魏先生嘴里香烟叼着，不耽误说话，不耽误打哈哈，还不耽误写写画画。

记得周谷城先生说过，当智慧用不了时候，幽默就出来了。魏启后聪明绝顶，智慧用不了，谈书画艺术，聊世相百态，每每庄谐杂出，四座皆春。

不过话说回来，他不赞成"拼搏"满天飞，并非一味反对拼搏。他的意思是写字画画，不是搬石头扛木头。你欢喜艺术，苦在其中，乐在其中就是了。如同"难得糊涂"，不是不要聪明，要的是大聪明。记得书法大家欧阳中石先生也跟笔者说过：书法是学问、是科学，跟拿刀动杖挨不上。

魏启后思想之刃已经探入到历史细部，五代的林木苍茂，南宋的意趣盎然，元代的天真幽淡，皆已了然于心，自然胸臆高远，谈笑之间，让人心里"一震一震的。"

"跟着他学，我少走了很多弯路。"康庄说，"后来遇到难事，我常想如果魏先生遇到这件事，他会怎么想怎么做。"

记得魏启后跟笔者说，中国人学习书法，最差不过师法坏的碑帖，原作再好，古碑再出名，架不住岁月剥蚀，架不住历朝捶拓无度，假如将此类变形的碑帖当法帖，用于书法教学，害人实在不浅。魏启后对坏帖误人子弟深恶痛绝。

魏启后有句警语："告诉你康庄，五十年内中国没有大师，我们都是垫背的。"

警语背后是清醒，超人的清醒！

近代美术家陈师曾在《文人画之价值》中说："文人画之要素，第一人品，第二学问，第三才情，第四思想，具此四者，乃能完善。"文人画只有真正的文人能画，不是文人，凭什么伸胳膊撸袖子，大画文人画？魏启后是山东画得出文人画的最后一位。

康庄学习欧洲艺术史，发现法国人丹纳写的《艺术哲学》常被引用，他千方百计把它借到手。《艺术哲学》中文版是大翻译家傅雷的手笔，译笔漂亮得不得了。丹纳被称为"批评家里拿破仑"，他在《艺术哲学》中揭示了文学艺术与种族、环境、时代三个要素的关系。傅雷向儿子推荐说："这本书若能彻底消化，做人方面，气度方面，理解与领会方面都有进步,不仅仅是增加知识而已。"康庄拿起这本书来就放下了。苏东坡说:"好书不厌百回读,熟读深思子自知。"意大利作家卡尔维诺说:"经典是那些你经常听人家说'我正在重读……'而不是'我正在读……'的书。""一部经典作品是一本每次重读都像初读那样带来发现的书。"《艺术哲学》就是这样一部经典,康庄每读一回,开窍一回。

读了几十回后,书被魏启后借了去。魏启后读起来也放不下了。几个月过去,图书馆催康庄还书,康庄催魏启后还书。催了多少遍,老人哼哼哈哈,不提还书的事。没有办法,康庄只好登门讨要。魏启后生性达观,从不轻易动气,这时候变得像个孩子,把书摔到桌上:"拿走!不就是本书吗?烦死了!"

康庄忙不迭地解释:"魏老师啊魏老师,图书馆天天催我,都催了几个月了,我没办法啊。书要是我的,早送给您老人家了,嘿嘿!"

事过两天,魏老又嘻哈上了。

斯巴达克斯死了

《康庄现代诗选》上有幅照片，照片上的康庄双目炯炯，裸着上体，胸大肌凸起，站在那里如一尊铁打的金刚。用济南话说，康庄这叫"亮块儿"。——老济南称胸大肌、腹肌为"块儿"，称胳膊腿上的肌肉为"劲疙瘩"，秀肌肉不说秀肌肉，说"亮块儿"。拿画笔的人怎么练出这么大的"块儿"？

康庄说，那些年白天在工厂里高强度劳动，晚上在家熬夜读书画画，身体不能不受损害。调动工作不成功，从事不了喜爱的专业，心情不能不压抑。两种因素叠加，身体垮了下来。最严重的时候，一米八二的大个体重仅有120来斤。去医院检查，诊断为胃部球部溃疡，大便潜血4个加号。

20世纪60年代末、70年代初，中苏关系紧张，全国兴起"拉练"高潮。拉练就是拉出一部分人野营行军，时间半月二十天不等，从军队到工厂企业到学校，全部开展拉练。

自己去不去？他吃不准，到医院做检查。

医生指着化验单说：你还拉练来？你走不到十二马路就得趴下。

康庄决心试一试，看看能不能走出十二马路。怪了，每天拉练几十里乃至上百里，十几个窝窝头装进胃里，消化系统欣然笑纳，胃里没有难受的感觉。

拉练几十天，脸上晒得像煤球，胃里的毛病减轻了许多。

原来走路也能治病？

拉练回来，康庄扔下自行车，每天跑着上下班。针织厂在北园路上，从家到厂来回二十多华里。三年风雨无阻跑下来，北园稻田的农民认识了他，看见他跑过来便说：

"哎！看啊，那个疯子又过来了。"

"疯子"尝到甜头，不让他"疯"都不行。

跑步改善了心情，心情改善了病情，慢慢地，他的胃病改善了，大便潜血找不到了。康庄由此认为：胃病不用治，只要心情好了，胃病自然就好。

再后来，他跟着一位形意拳高手练起了形意拳。形意拳是个传统拳种，现已列入国家级非物质文化遗产代表性项目保护名单。康庄闪转腾挪于武林与画坛之间，身体越来越强壮，于是开始练"块儿"、练"劲疙瘩"。还真让他练出来了。那时健美运动尚未恢复，不然，凭这身块儿和劲疙瘩，去参加健美比赛，没准儿能拿个名次。

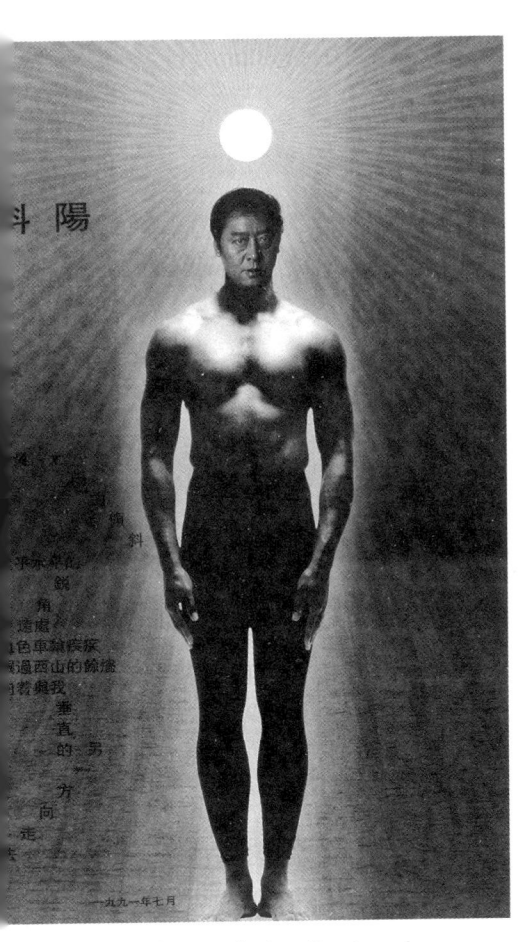

康庄"亮块儿"照

磨刀不误砍柴工,"块儿"起来了,读书画画的精力更足了。同事们见了他的块儿才知道,画家原来在"贼练"。济南话里的"贼练",是暗下功夫的意思。康庄除了"练块儿"、画画之外,"贼练"的地方是读书。《世说新语》里有个袒腹晒书的故事,讲的就是"贼练"。西晋时期,饱学多才的郝隆没有得到重用,愤而回乡隐居。每年七月七日,当地有晒衣服的风俗,郝隆露出肚子仰卧在太阳下。有人问他为何这样?郝隆答:我晒腹中之书。

郝隆先生暴晒做秀,意在告诉外界,自己"贼练"成精,伯乐快来。满腹诗书不像胸脯上的"块儿",短期"贼练"看不出来效果。长期苦读,学问自然发酵,思想高度必然隆起。到了这时候,别人再想超越你,就不那么容易了。岁月悾偬,人生苦短,一个人读书的好时候不多，错过了就错过了。

康庄没有错过。

还是那句济南话："你不的"。

浙派山水画大家陆俨少，以擅画云水出名，传统功力极为深厚，被誉为"当代中国画坛卓然翘首的文人画家"，生前担任过浙江画院院长、浙江美院教授。作为美术教育家，陆俨少认为，一个人要画好画，应该做到"四分读书、三分写字、三分作画。"有人认为，陆俨少成为与张大千、傅抱石、李可染风格迥异的山水画大家，同时梅花、竹石又画得非常精妙，这与他在诗文、书法和画论方面的深厚学养分不开。

在南方一个画展上，陆俨少与康庄相识了，他们后来见面并不多，过从多在书信上。有一年陆俨少的学生来到济南，他们对康庄说：陆老师说，你是山东优秀的山水画家，让我们来到山东时，一定见见你，在山水画上多向你学习。

陆俨少先生

与许多同辈画家不同的是，康庄已经炼成为学者型画家，这也许是陆俨少欣赏他的一个原因吧。

　　国家恢复高考后，在魏启后指导下，康庄写成长篇论文《试论元代山水画的成就及对后世的影响》。凭此论文，1978年他考取了中央美院研究生，专业为美术史，导师是徐悲鸿的得意弟子张安治教授。

　　这是他今生进入高等学府最后的机会。

　　不过，老天爷再次给康庄淬了一回火，好让他百炼成钢。

　　那时，高校录取通知书下到单位，没有单位盖章，谁也走不了。中央美院录取通知书下到针织厂后，被厂里无端扣下了，等康庄得到消息，找厂里有关领导交涉的时候，入学报到时间已过。自己离艺术高峰越来越近了，离大学之门越来越远了。

　　康庄痛哭了好几天。山水画融进泪水的颜色，笔下的山峦，秀韵中多了几分苍茂，岱岳松柏更显坚劲；画家将生命融进山水，山水蓬勃出生命的活力。有专家评论说："康庄先生画的其实不是水，而是各种生命，而生命的形态是无可穷尽的。"

　　苦难对于艺术家，从来都是走向成功的铺路石。

　　1976年四人帮覆灭，真理标准讨论，平反冤假错案，恢复高考，实行改革开放，好事大事顺心事，如钱江潮涌不可阻挡。人民文学等出版社出版和重版了一大批中外名著。康庄走进书店犹如置身于知识的汪洋大海,天下还有这么多好书。前些年自己读的书,都是千搜万刮淘换来的,有的书有封面没有封底,有的有封底没有封面,有的只能在地下传阅。现在只要想读,没有读不到的,只要想买,没有买不来的。

图书馆外边排起长队,那是办理借书证的队伍,人们开始忙碌起来,"花窗沙龙"没有了往日的"夜场"。知识饥饿得太久,读书人太想吃顿饱饭了。康庄看见好书就买,发现成套的好书就成箱地往家扛,为了扩充肚子里的藏书量,他列出一份书单,计划两年读完一百八十本书。

古往今来,读破好书、受益终身的好例太多了。长夜里孤灯下,康庄与天地对话,与古今中外的名人对话,在孤独中尽享开卷快乐。笔者凭着职业敏感,感觉画家的气质里有诗人的几分孤独。哥伦比亚作家马尔克斯说过:"生命从来不曾离开孤独而存在。"

读书孤独,做学问孤独,做个有思想的人孤独。一个人学会与孤独相处,才能成为一个人物。

两年恶补,计划完成,留下三十多本读书笔记。

在文学名著中,康庄啃下的最硬骨头,是世界文学史上里程碑式的作品《神曲》。《神曲》的作者是意大利人但丁,他与荷马、莎士比亚齐名。恩格斯在《共产党宣言》意大利版序言中说:"封建的中世纪的终结和现代资本主义纪元的开端,是以一位大人物为标志的,这位人物就是意大利人但丁,

"花窗沙龙"里的主角

他是中世纪的最后一位诗人,同时又是新时代的最初一位诗人。"后期象征主义文学的代表、诺贝尔文学奖获得者艾略特对但丁的评价,也不比恩格斯低:他将但丁与莎士比亚同时列为西方文学后古典主义的不可超越的两位巨擘——"没有第三个"。

《神曲》在中国译本众多,有文言本和白话本,有选译本和全译本;从体裁上分,又有诗译本和散文译本。依笔者之见,在白话散文全译本中,以王维克与田德望译本为最佳。

王维克译本根据意大利原文，同时参考法文、英文等译本翻译完成，译笔优美，堪称经典。

相较王维克译本，田德望译本学术价值更高。2019年3月21日，国家主席习近平在意大利《晚邮报》上发表题为《东西交往传佳话 中意友谊续新篇》的署名文章，文中有一段话："中国一位教授在古稀之年开始翻译但丁的《神曲》，几易其稿，历时十八载，在临终病榻上最终完成。"习近平说的中国教授就是北京大学教授田德望。

康庄读的《神曲》是人文社1978年重新修订出版的王维克译本，截至1983年第三次印刷，该译本印量达到249500册，影响之大可见一斑。对中国读者而言，《神曲》想象太过奇幻，再好的译本，读来还是难懂。康庄回忆："初时如读天书，犹堕云雾之中，只是觉得那文笔句子很美，很深奥，尤其是'天堂''净界'的描述令人神向往之。那些精彩的对白，简直字字珠玑，句句都是警世名言。尽管读起来艰涩，却很有嚼头，待多读几遍之后才多少悟出点但丁借神说事的寓意。"

一遍复一遍的阅读，许多句子康庄背诵下来了，像下面这几段：

"我只要于心无愧，命运对我无论怎样都好，我早有预备，听命运随心所欲地旋转他的轮盘，如听农夫使用他的锄头罢了。"

"对于一种外表上似乎是伪造的真理，一个人最好是闭口不说，因为他虽然没有罪过，他要被家人看做说谎的人呢。但是，我在这里不能守住静默……假使他有永久的价值——向诸君发誓！我看见……"

"祈祷若不能感天，那么祈祷有什么用？"

"人们在做本分以外的事情时应当有所畏惧。"

"人类啊！你本是为升天而生的，为什么一些微弱的风便把你吹落下来呢？"

康庄后来写道："可笑的是我那时经常会在一些场合卖弄从但丁那儿套来的字句，自以为长了不少的学问，悟出点人生的哲理。"

这有什么？

不就是热爱文化的学子"亮亮块儿"吗？

该贼练就贼练，该亮块儿就亮块儿。

康庄对《神曲》情有独钟，其实还有个原因，书中插图太漂亮了。

这些插图用钢笔画出，铜腐蚀版印刷，每一幅都是精妙的艺术品。但丁的想象上天入地，插图作者跟着上天入地，什么叫图文并茂，这就叫图文并茂；什么叫相得益彰，这就叫相得益彰。

谁说欧洲人画画不会用线？这些钢笔画用线多么细腻！

魏启后对《神曲》插图，同样是激赏不已。

2000年10月13日，康庄出访欧洲，来到意大利佛罗伦萨。在但丁故居门前,他收住了脚。"站在他门前的雕像前时,心怀一种崇高的敬意,本能地深深鞠躬下去。"

过去我读你,今天我要画你。

《但丁故居前的凝望》

在故居前的小广场上,他现场画了一幅写生彩画,题为《但丁故居前的凝望》。

家里的条件开始改善,画案换成大的了,房屋空间更小了。夫妻俩把画案下边也利用起来,案下支上电灯,康庄在案上读书画画,妻子刘大平在案下躺着读书。有时画案上边灯亮,有时下边灯亮,有时上下皆亮,两盏没有火种的光,见证了一对夫妻相濡以沫的爱情。

这一天,康庄正在读书,案下传来啜泣声。

康庄一惊,侧下头问:"怎么啦?"

夫妻二人在"花窗沙龙"

"斯巴达克斯死了!"

声音抽抽搭搭。

原来,刘大平在读意大利乔万尼奥里的长篇历史小说《斯巴达克斯》，读到英雄牺牲的章节，鼻酸难抑，哭出声来。这部小说不论描写宏大激烈的战争场面，还是对斯巴达克斯与范莱丽雅爱情细节的刻画，无不引人入胜，扣人心弦。笔者年轻时也被《斯巴达克斯》打动过，时至今日，感动的记忆犹在心头，文学名著直击人心的魔力，真是没有法子说。

康庄说："中国画离不开文学精神，一旦离开就不是中国画。现在画画的，普遍缺少文学积淀，许多画家沦为画匠，肚子里没有几本书，你说他能画好中国画吗？"

收藏故事：
从"泥巴人子"到"木头人子"

　　济南孩子的传统游戏，有"跳"字开头的，有"砸"字开头的。前者有"跳房""跳皮筋"，是女孩子们的游戏；后者有"砸毛驴""砸皇上"，是男孩子们的专利。

　　"砸皇上"游戏，是在五步开外的地上摆上一块砖（或别的东西），权当投掷的靶子，孩子们轮流上场，用砖头砸靶子，砸中者为胜。砸的时候，砖头从下方抛出去，有点打保龄球的感觉，只是没那么"洋化儿"。按照逻辑推理，这个游戏应该出现在民国之后，不然的话，黄口小儿岂敢在"皇上"头上拍砖。

　　"砸皇上"是个伴着欢乐的喜剧，康庄这一回听到的"砸皇上"，是一出让人欲哭无泪的悲剧。——孩子砸的"皇上"，是两桶汉代陶俑。济南北部有九座山，分别是卧牛山、华山、鹊山、标山、凤凰山、北马鞍山、粟山、匡山、药山，史称"齐烟九点"，典出唐代诗人李贺"遥看齐州九点烟"诗句。因年代不同，"齐烟九点"所指的山也有不同。北部最小的山，名叫无影山，因为山的影子都看不到，这座山没有进入"齐烟九点"。无影山有了名，是在1969年4月，在无影山南坡发现了一处西汉墓地。有关部门对墓地进行勘探，清理墓葬14座，其中11号墓出土了一组彩绘乐舞杂技陶俑，这是我国最早发现的反映汉代"百戏"演出的实物。

彩绘乐舞杂技陶俑，又称"百戏俑"。陶俑被固定在一个长方形的陶盘上，其中有乐工、表演者和观赏者。表演者在陶盘的中心，两位女子翩翩起舞，四位男子有的"拿大顶"，有的向后折腰，有的做柔术表演；表演者后面是乐队，演奏员们有的吹笙，有人敲击钟鼓，有的准备鼓瑟，呈现出汉代"百戏"钟鼓齐鸣、笙瑟悠扬的场面。后来，"百戏俑"作为国

无影山出土的《百戏俑》

家一级文物，成为济南市博物馆的镇馆之宝。

十分可惜的是，不知什么原因，1969年之后，有关方面没有再到无影山发掘文物。当地农民在山坡上，长年挖黄土卖钱，挖黄土常常挖到汉墓，陶俑和陶罐意外出土了。因为嫌墓里出来的东西晦气，挖土者常用铁锨将其拍碎，任意丢弃一边。这些古物的价值与"百戏俑"虽然差得远，可毕竟是汉代的东西。

康庄听学生说，有个农民提了两桶陶俑进了院，媳妇不让东西进屋门，他就摆在院子里，让孩子们玩"砸皇上"。可怜那些沉埋两千年的汉代"皇上"，出土之日便是粉身碎骨之时，一个也没有万寿无疆。没有办法，当时没有文物保护法，人们普遍缺乏文物保护意识，挖土毁陶的问题没有引起有关方面重视。

康庄有一天路过挖土现场，见状心疼万分，他上前规劝农民不能这么干，人家说黄土有人买，这些晦气的东西没人要。

是啊，买家买回黄土，或用作建筑用土，或将它与煤末子和在一起，打煤饼子烧火做饭。这些泥巴人子对他们毫无用处。

康庄说："这么着吧，你挖出来放在一边，给我留着吧。"
谈好价钱，人家让他过两天来拿。

再后来，文物贩子来了，陶俑的价钱从十块涨到五十、一百，以至于更多。康庄哪有贩子们的财力，有点价值的东西都让贩子们收去了。

知道康庄富收藏，是在二十多年前，笔者在济南日报社工作的时候。有一年，康庄在《济南日报》文化版上开辟了《收藏与鉴赏》专栏。当时给人印象深的，一是康庄收藏古铜镜多，二是编辑喜欢采用他的稿件，因为他文字功底好，稿子没有什么差错。我曾跟美术编辑刘湘鲁先生说，康庄文稿简直是免检产品。三是他写的那篇《奇遇蒲留仙》被上海一家报纸转载，引起有关方面的高度关注。

笔者开始知道，画家康庄还是位收藏家。

《奇遇蒲留仙》写的是一个真实的收藏故事——

有个藏友喜欢康庄的山水，他们经常交换藏品。一个下雪天，康庄夫妇来到他家，看看他有没有新收的东西。对方拿出几件给他看，可都没有过他的眼。两口子准备打道回府。临出门了，康庄回头扫了一眼，瞧见床下有个黑乎乎的东西，便问：

"那是什么？"

"是个破木头人子。"对方不屑地说。

说着，对方一把将"木头人子"提溜出来交给他。康庄问从哪里收来的，对方说从淄博淄川收的。

"这是谁呢？"

"谁知道是谁啊。你要喜欢就拿着。"

"我给你留下多少钱呢？"

"留什么钱啊,一个破木头人子。"

彼此都是老伙计,对方用纸包了包,拿个布兜装了,递到他手里。

两口子出门上了公交车,车里好像开着暖气,或许是发动机释放出的热量,车厢里暖烘烘的。时间不长,一股子印度香水的气味扑鼻而来。

打量周围乘客,没有发现年轻女性,不像有喷香水的人。

这可纳了闷了,夫妻俩琢磨来琢磨去,半天找不出答案。康庄无意间看了一眼手里的布包,立时反应过来,溢满车厢的芳香,来自布包里的木头人子。

木头人子的真身,原来是珍贵的檀香木。

藏友屋里十分潮湿,雕像长期放在地上,受潮的雕像遇到一定温度,檀香伴着潮气释放了。是金子总会发光,有香味一定释放,关键是遇到合适条件。

康庄将木头人子抱回家,清洗过后,发现底座上有一行用生漆写的字:"蒲公松龄之神位"。

木头人子难道是蒲松龄雕像?康庄一阵惊喜。

他请来了张彦青、张鹤云两位教授做鉴定。

蒲松龄是世界级的文豪,郭沫若有副对联赞扬他"写鬼写妖高人一等,刺贪刺虐入骨三分",老舍评价《聊斋志异》"鬼狐有性格,笑骂成文章",马瑞芳称赞蒲松龄是"世界短篇小说之王"。

20世纪50年代初，省文联、省文物管理委员会成立了搜集整理蒲松龄著作的机构。省文联主席王统照、省文物管理委员会主任王献唐派陶钝、路大荒等人前往淄川蒲家庄调

与张彦青先生登泰山

查。1956年，路大荒、张彦青带着省博物馆赠送的展橱和征集来的文物来到蒲家庄，对蒲松龄故居进行了简单整理和文物陈列，蒲松龄故居的雏形由此形成。

中国研究蒲学的权威，首推路大荒，他家住在济南市曲水亭街8号，可惜老先生已于1972年离世。对蒲学素有研究的张彦青，成为健在的参加蒲松龄故居修复整理的专家，而张鹤云教授是一位严谨的学者。两位张老师在康庄家见到木

头人子,好一阵打量过后。张彦青惊喜地说:

"康庄,这回你可立了功了。这应该就是蒲松龄雕像啊!"

"蒲松龄"身披简易长袍,两片衣襟几乎覆盖到脚面,腰里系着一根绦带,胸前挂着佩饰,脸面慈祥,十分富态;老人头发稀疏,后边的发绺像个蝌蚪似的贴在后脑勺上。两位教授根据雕像比例分析,真实的蒲松龄个子不算高,也就一米六多一点。

"老人头发稀疏是对的。"张彦青说。

张鹤云接过话头:"是啊,老年人哪有那么多头发,怎么可能编成又长又粗的大辫子。"

康庄说:"现在人们看到的蒲松龄画像,一脸苦相,瘦骨嶙峋,拖着长辫,说他是蒲松龄也行,说他是郑板桥也行。这说明,后人画的蒲松龄都是画家凭想象画出来的。"

他们分析,雕像应该是蒲松龄晚年,家人请雕工雕刻的,呈现出的是蒲松龄晚年的样貌。那时没有照相机,一时找不到好画家,雕刻一座木雕像,是留下形象的好法子。

端详再端详,研究再研究,三人一致认为,雕像人物,后脑勺上的发绺像个蝌蚪是合理的,老年人哪有那么多头发,那些拖着长辫的蒲松龄形象,是后来人想象着画的。

美术家有美术家的眼睛。

张彦青说:"蒲松龄到底长什么样,谁都不知道,现在知道了。康庄收的这件东西没有错。不可能这家的老人,做个别人家的神位摆着。木雕从淄川流落到济南，很可能是蒲氏后代遭逢乱世，无法保存所致。"

雕像用的檀香木，又名白檀，属檀香科常绿乔木，原产印度、印尼、澳大利亚和非洲。檀香木香气袭人，常作为高级器具、雕刻等用材。佛教称檀香为"旃檀"。玄奘法师在《大唐西域记》中有对檀香木的描写。在《西游记》里，唐僧师

与张鹤云先生在一起

徒四人取得真经，修成了正果，唐僧被封为旃檀功德佛。康庄说："木质细密的木材才能刻制出雕像细微的部分，檀香木堪当此任。"

大家最后结论令人鼓舞："木头人子"就是蒲松龄的写

实木雕。

这次捡漏经历，堪称康庄收藏生涯中的"优胜记略"。其实，他败走麦城的经历更多。

康庄对笔者说："收藏的关键是三个字，即眼、缘、钱。没有眼力，发现不了好东西，识别不出假东西；没有缘分，就会与宝物失之交臂；没有钱，遇到宝物，你拿不走。"

"是啊，有句话叫作小户人家玩古董，搬来搬去就是这几样东西。"笔者说。

康庄接着说："我忘了是谁说的了，收藏家是百万富翁里的穷光蛋，他们'富得穷极了，穷得富极了。'许多藏家守着一大堆财富，手里没有几个钱，几乎个顶个都是这个样。"

康庄和刘大平结婚后，一开始妻子反对丈夫玩收藏，岳父曾警告女婿：你早晚让这些垃圾埋了！

谈起收藏的经历，刘大平在旁插话："最穷的时候，我手里还有两毛钱。"

不管你是富得流油，还是穷得叮当响，只要玩收藏，没有不交学费的，看走了眼，会买来假货；看走了眼，还会放走真货，这都算交学费。康庄说："搞收藏，十年之内没有不交学费的，见的东西多了，长了眼了，学费才交得少。"

关键问题是，有时藏家手里根本没有学费。

20世纪70年代，的确良面料刚兴，康庄咬咬牙做了件的确良衬衣。两口子到泉城路旧军门巷看电影，那里有座新华电影院。二人路过百货大楼斜对面的古旧书店，康庄抬脚走了进去，看见一套民国时期出版的线装本《辞源》，要价八块钱。可他腰里没有钱，只有两张电影票。好在古旧书店东边有家委托店，康庄进门问店员："我这件的确良是刚做的，你看值多少钱。"店员看了看说："给你六块钱吧。"

康庄央求："你就行行好，给我八块钱吧。"

店员问："你要八块钱干什么？"

得知年轻人要买书，老店员倒也痛快：

"好吧，就给你八块。"

康庄脱下的确良，把它"委托"了，光着膀子来到古旧书店，把《辞源》买下来。电影是没法看了，赤膊大仙怎么进电影院？

采访中，他们夫妇你一言我一语，说着笑着，将这一幕往事对齐了。说着话，康庄从书橱里取出这套线装本《辞源》。看上去，十二册的《辞源》品相很好，用木盒装着，盒上刻着书名。康庄说盒子是弟弟做的，盒上的字是自己写了刻上去的。嗜书如命的康庄，再次捡了漏。

玩收藏的经历，让他开了眼。从收藏"泥巴人子"到研究"木头人子"，让一个爱读书的画家明白，对古代人物画怎么看，才是有道理的。玩收藏还给康庄上了一课，收藏就是保护。要不，木头人子或受潮腐朽，或和泥巴人子的命运相仿佛，不是让小孩子砸了皇上，就是让大人当柴火烧了锅底。

就这样，将岱岳一页页读过

晚明画坛盟主董其昌，诗文书画俱佳，论画标榜"士气"。笔者以为董其昌超越画坛的贡献，是提出了"读万卷书，行万里路"的绘画主张，这一主张将画家的认识水平与生活阅历视为艺术创构的关键

泰山飞来石留影

因素，突破了"以物量画、以法限画"的藩篱。不仅如此，这一主张与"画龙点睛""胸有成竹"一样，作为一个源于

绘画的成语影响过无数华夏儿女的生活与人生。

泱泱泰山坐落在齐鲁大地上,是上天对山东山水画家的最大恩赐。行泰山路,登十八盘,是齐鲁山水画家"行万里路"的必由之路,最大一步。

向泰山学习,向岱岳取经,是山东画家的集体无意识。

为什么这样说?

泰山是中华文化山,岱山、岱宗、岱岳、泰岳、东岳皆为其山名。孔子登泰山而小天下,司马迁赋予泰山精神人格高度。论高度,泰山排在五岳第三位。中国人不以高度排座次,唯以文化论高下,历代尊泰山为"五岳之首""天下第一山",中华文明高就高在这里。

泰山又是一座帝王山,从秦皇汉武到清代皇帝,13位帝王或登临或祭祀,24位帝王派遣官员祭祀72次。

泰山还是一座平民山,从经年累月跋涉在山路上的挑山工,到一辈复一辈朝拜泰山老奶奶的小脚女人,敬仰泰山,高度一致;崇拜泰山老奶奶,绝无二心。

天下同敬,唯有中华泰山。

泰山这部中华文化宝典,康庄是怎么翻开的呢?

答案有点诙谐,是一次次"盲流"之旅。

哐当,哐当,哐当,哐——当,哐——当,哐——当。

午夜时分,车临大河站,车速慢下来,下一站就是泰安了,康庄、张宝珠向运转车长打声招呼,双双跳下货车最后一节

康庄与张宝珠在泰山望人松（今迎客松）下合影

车厢，这一节车厢叫作守车。二人沿铁路线向泰安方向前行，走到泰安站货场，寻个出口遛出，直奔泰山山道，一夜攀登，泰山极顶到了。

那时济南到泰安，客票价一块九，来回三块八，三块八能买二十多斤面粉。为了让三块八发挥更大作用，他们选择蹭火车去泰安。一般周六晚上出发，第二天下午蹭车返回济南，这样不耽误周一上班。

如同地下工作者，两人趁着夜幕从济南站货场溜进站台，找到去泰安的货车，给运转车长上一包烟，人就上了货车守车。蹭车次数多了，人家知道他们是去写生的画家，腰里没有几个子，有的是一副笑脸，往往行个方便。

泰山是五岳中的《史记》，没有几十次登临，进入不了深度阅读。没有深度阅读，想画好泰山，好比看了几遍《红楼梦》，人物关系还一锅糊涂，就想写长篇论文，探索里面几百个人物的命运，本身是个笑话。

张宝珠说他今生登泰山89次。

我问康庄："你登过多少次？"

"记不清了。应该不少于宝珠吧。"

那就是小百十次了。

康庄对泰山的理解和感情，是由小百十次登临建立起来的。泰山是画家的老师，泰山是画家的乡愁。除了没法入画的快活三里，泰山所有名胜遗迹，他和画友张宝珠不知凭吊、写生多少回了。

康庄觉得泰山不像黄山，黄山是座年轻的山，美丽俊俏，挺拔奇秀，谁不一见钟情谁有毛病。泰山是一座古老的山，雄浑博大，庄重肃穆，如一位峨冠博带、髯发垂雪的文化老翁，每一根胡须里好像都有一把故事。

摸透泰山的性格，是理解泰山的门径。

一个闷热异常的夏夜，康庄和几位画友夜宿中天门。

说话间，天色愈发暗下来，果然风是雨头，一阵狂风扫过，俄而大雨滂沱，雷声由远及近，突然一道瘆人的电光裂破夜幕，大殿内外亮如白昼，人们还没回过神来，咔嚓一声惊天动地的炸响，地动山摇，眼见一个大火球打在山石上，雨夜里飘出硫磺气味，遭遇雷击的大石头像炸掉了魂似的，连骨碌带飞冲下中天门。

康庄回忆，霹雳落地刹那，大家面无人色，好画伴解维础连滚带爬钻进桌子底下。谁见识过泰山霹雳这么大的脾气？大家一夜无眠，第二天早上发现，有棵大树被一劈两半，一半露着白茬戳在那里，凄惨兮兮；另一半驭风而去，不知所归。

亲历过泰山上的风雨雷电，画家对泰山松柏更为起敬。寻觅最美泰山松，画出岱岳精气神，是他们二人最大的愿望。

这一天他与张宝珠闯进了泰山后石坞。

泰山辟为公园之前，莽莽苍苍，颇有野性。后石坞位于泰岱之阴，人迹罕至，空旷幽深，是个野性的世界。

这里的松柏果然不同寻常，铁柯撑柱在高峰，拧成盘龙的枝干，向外探出绿云般的树冠，鳞片似铁，针叶如刺，一副威武不能屈、冰雪压不服的气概。

这不正是我们要找的泰山松吗？

两人一阵狂喜，打开速写本画起来。画着画着，他们分开了。不知不觉间，云雾四合，转眼工夫，山不见了，树不见了。两人"只在此山中，云深不知处"。他们相互呼唤，只闻应声，不见人影。当时后石坞常有野狼出没，两个人鸡皮疙瘩起来了，抄起棍子以备不测。

1983年摄于泰山后石坞

不知等了多久,山风吹走云雾,山景重回视野,他们"会师"了。几十年登泰山,这是二人在山上熬过的最漫长时间。假如云雾当晚在山上安家,两人只好在后石坞过夜了,山夜的寒冷倒在其次,成为野狼的美餐是最不可想象的。

他们从济南站下了车,径直来到黑伯龙家,汇报他们的新发现。

"不错,不错,"黑先生翻着他的写生本,连声夸赞。

"你把本子留下,我研究研究。"黑伯龙说。

哪知道,黑先生研究起来不想撒手了。学生上门要,他说我这么大年纪了,泰山上不去了,多看两天不行吗?

怎么不行啊。

又过了好几个"两天",学生上门再要,老人急了,干脆扔下一句话:"催什么催,到时候给你幅画不就完了嘛。"

黑伯龙擅养草虫,最爱斗蛐蛐,有人瞅准他这个癖好,专门捉来蛐蛐换他的画，常常一换一个准儿。对这位有点孩子气，偶尔耍个"赖皮"的老师，学生没法说别的，这个稿本康庄没能要回来。

不过不要紧，知道后石坞在哪里，再去就是了。康庄此后登泰山，常到后石坞转转，那里有年长他千岁的松柏老朋友。后来，从中天门到南天门建了索道；再后来，从岱顶到后石坞也建了索道，和老朋友会面更方便了。遗憾随之而来，后石坞里游人摩肩接踵，深山的神秘被打破了。最可怕的是，人们对造化的敬畏也打破了。如今武装到牙齿的驴友们，除了珠峰极顶，没有他们去不了的地方。

描绘后石坞的巨画《岱岳之阴》，堪称康庄画松经典作品，画幅近景是千年古松，朝阳染红的泰岱极顶是远景。千年松柏有如明代顾清的诗句："万牛鼓橐冶不销，万山积雪冻不凋。疾雷动地风倒海，亭亭百尺撑云霄。"

从这之后，后石坞苍松作为素材，经过画家匠心独运，因心造境，出现在他的诸多作品里，在《霖雨苍生》《泰山黑龙潭》《泰岱夜雨图》《雄峙天东》等画作里，都可以找到它们的身姿。那些劲松挺立在危岩上，咬定在石缝里，斜挂在崖壁上，走过千年，气节不拔，历尽千磨万击，铁骨铮铮，正是中华民族的象征。

在康庄笔下，泰山是人物，松柏是人物，飞瀑是人物。把万物当"人"写照，造化的生气就洋溢在画幅里了。六尺大画《柏洞》是康庄创作的松柏群像。柏洞位于泰山中路临近壶天阁的地方，山路两侧，古柏遮天，游人沿山路上山，有如穿行在柏树洞里。画面中的古柏，繁茂蓊郁。山路采用留白画法，蔽日的古柏与逼仄的小路，形成大与小、明与暗的强烈对比，"洞"凸了出来。在画家笔下，泰山松柏已然幻化成中国龙的意象。

  一九七六年九月三日，游经石峪，瞻仰六朝大字，见山涧激流千回百转，宛如曲练，飞流直下，蔚然壮观。奋然弃靴，涉水绕道谷底，仰观飞瀑，大豁心胸。信手促成，共得稿六幅，聊慰归去之憾。

上文是康庄画幅《溯源》上的文字，文笔极富诗意，也让人倒吸一口凉气，如果头一天下的是暴雨，山洪一旦形成，你跑都没处跑。可是，若不走到瀑布下边，就找不到最佳写生角度。《溯源》画中，怪石夹壁，飞瀑从崖壁中间滔滔泻下，一个青年站在石上仰头赏瀑，那是作者对自己的写照。

新金陵画派的代表魏紫熙说过："写生需要下苦功夫，写生也是创作。好的写生作品本身就是一幅好画。写生要活写，不能死写，好的作品应比生活更美好。"康庄与魏紫熙观点一样，将写生视为创作，艺术上致力于中西结合。中西能否结合好，将写生改成水墨是核心。没有扎实的西画造型功底，拿捏不稳水墨的习性，吃不准宣纸的敏感，调不出自己的颜色，中西结合只会是嘴巴功夫。

《游龙》

看康庄的泰山速写，是一种享受，无论是《御帐坪》《白云居》《朝阳洞》《扇子崖》《壶天阁》，还是《回马岭》《后石坞》《五大夫松》《黑龙潭》《百丈崖》，画面无不造型精确，形象传神，每幅写生都是"活写"的好画。真应该举办一回康庄写生作品展，让青年画家看看上一辈是怎么干活的。

康庄今生揽山水入画，山水拥他入怀。山水是他的一部分，他是山水的一部分。有人评论魏紫熙的画"清丽深秀，苍劲严整"。用此语评价康庄的画也是合适的，他的山水有北宗的宏大朴拙,也有南宗的秀韵工细。中央美院教授、美术史专家薛永年认为,康庄山水"给我们最直接的印象就是'大'。大山水,大气势,大境界。他笔下的山水宏伟、雄健,有力感和美感,具有广阔,深邃的境界"。

堂堂溪水出前村

  1979年，中国第四次文代会召开，中国文艺迎来了一个春天。各级文联恢复了活动。第二年，济南市美协成立了由美协主席弭菊田挂帅的中国画研究会。研究会成立后，举办美术讲座，组织画展和艺术交流，各项工作风风火火开展起来。研究会成为省城美术界充满活力的创作群体，为成立济南画院做了组织准备。

  纵观中国现当代画坛，凡为大家没有不熟稔美术史的，从林风眠、潘天寿到傅抱石，再到吴冠中，莫不如此。傅抱石留学日本，拜在美术史家金原省吾教授门下，从翻译金原省吾的《唐代之绘画》和《宋代之绘画》入手，开始了对中国绘画史的系统研究，代表作有《中国古代绘画之研究》《中国绘画变迁史纲》。傅抱石一生出版专著、发表论文计两百多万言，创见之深，抱负之大，是同时代画家难以望其项背的。

康庄美术史底子打得深，发表论文多，创作实绩突出，自然成为美术讲座的主力。来听他讲座的，多是活跃在画坛上的中坚，康庄在圈内外的影响力越来越大。

弭菊田对弟子们说：唐代大画家张璪提出"外师造化，中得心源"。济南画家要出成绩，必须走出济南，到名山大川去"师造化"。美协给文联打报告，准备组织全市骨干画家外出写生。报告很快获批，文联拨出了专款。现在看这是件不能再普通的事情，但在当时，公家出钱让你外出写生，对业余画家是一种很高的待遇，说明你的专业水平得到官方承认。

弭菊田提议画家三人一组，自由组合，奔赴各地写生。康庄与张耀峰、张宝珠这一组去了黄山。火车上的画家扬眉吐气，想起当年蹭车外出写生的经历，康庄、张宝珠两人不胜感慨。

天下奇峰，造化神工。到了黄山他们才明白，徐霞客为什么说"五岳归来不看山，黄山归来不看岳"，石涛为什么说"搜尽奇峰打草稿"了。黄山那时没有开发，

康庄、张耀峰（右一）和张宝珠于黄山道中

生态是野生的。山上群峰竞秀，奇松漫山，云卷云舒之间，山色阴晴变幻万千。号称"黄山第一峰"的天都峰，拔地摩天，险峭雄奇，好一个"天开图画"的仙境。

在康庄黄山速写中，以《天都峰回望玉屏楼》最为精妙，奇景一经画家勾勒，玉屏楼山峰嶔崟、嶙岣百状之风姿尽出。半个多月来，他们人在画中游，画在手中写，走一山画一山，看不尽画不完，几天时间，每人的速写稿积成一大摞。

话说这天，三人登上清凉台。清凉台位于黄山北海景区狮子峰腰部，有如一座半岛，矗立在三面凌空的危岩上，人称黄山第一台，对面就是"十八罗汉朝南海"。"十八罗汉"坐落在始信峰与仙人峰之间的石笋矼上。登台望去，"十八罗汉"奔来眼底，有的立在峰头，有的静坐松下，有的手擎雨伞，有的策杖缓行。群峰面向南方，故称"十八罗汉朝南海"。如此鬼斧神工，岂有不画之理，三个人打开了画夹。

时间过得飞快，转眼时近黄昏。

也是合当有事。一对恋人上了清凉台，他们相互拍照，也许是被"十八罗汉"迷住了，也许光顾选镜头了，男的端着相机移步，冷不防撞上了张宝珠。清凉台形势险要，那时还没有安装石栏，只有铁链子围着，张宝珠光顾了写生，哪会想到身后会有"险情"，身子猛不丁一个前倾，挂在脖上的画夹倒扣过来，百余张速写稿连同速写纸如天女散花般全部飘下清凉台。

悲剧发生在刹那，主角先是一蒙，继而怒火中烧，他手指着一对男女，吼声撕心裂肺："你们上这里来臭美什么！照他妈什么相啊！你们眼……"一对恋人慌忙开溜，张宝珠疼得瘫坐在清凉台上大放悲声，几天的速写稿全都合撒了，让谁谁不心疼。康庄和张耀峰劝慰着他安抚着他，他们向人打听，怎么才能下到清凉台下。

山里人告诉他们，下山没有直道，只能绕行。过去掉下人捞尸首，来回得一周。没有挽回的办法了，好在康庄速写纸带的多，分给张宝珠一些。前些日子，张宝珠接受采访，又一次讲起"天女散花"故事。清凉台没收过张宝珠的黄山写生，黑先生没收过康庄泰山写生，成了一对画伴的笑谈。

各路画家写生归来，美协组织了五人写生画展（聂耕、张耀峰、王亦农、康庄、张宝珠）。有了这次办展经验，康庄与张宝珠、李承志商量，在山东省美术馆搞一次联合画展，把他们的创作成果向社会展示一下，为济南画家争光。为此他们准备了一年。

1983年春天，一个百花盛开的日子，由山东省文联、山东省美协、济南市文联、济南市美协联合主办的《康庄、张宝珠、李承志山水画联展》，在山东省美术馆隆重开幕。这是进入新时期山东省第一次举办中国山水画大展，省市许多老领导来了，省城美术界及社会各界的嘉宾名人到了，展馆内外摩肩接踵，人流如潮。

这是康庄他们首次在全省最高美术殿堂上，向社会展示山水画作品，画家们对祖国山河的一腔热爱，洋溢在一幅幅画面上，艺术水准之高得到美术界公认，省城各家媒体对画展作了大量报道。画展产生了轰动效应，为济南画坛增添了光彩。

这年，济南画院成立。中共济南市委经过常委会研究，由市委下达红头文件，调康庄、王炳龙、张宝珠、李承志、尹延新、杜华等八位画家到济南画院工作，调令直接下到调出单位。也就是那个时候，画家调到事业单位，还要市级党委下调令。济南画院上级单位是市文化局，如果由市文化局下调令文件，不是借调，就是商调，调动文件要在文化局与纺织局之间走手续，出不出猫儿眼不好说。

这天，康庄正在车间上班，只见厂领导一脸笑容走过来。康庄抬头看，来人笑得比厂里印的花布还鲜亮。这位领导的笑容康庄不是没见过，可冲着自己笑，这是头一遭。

"康庄啊，呵呵，你很有本事啊，市委专门给你下了调动文件。"

从进工厂那天起，康庄就盼着归队，一等十五年。十五年来他办了近二十回调动，全都卡了壳。

"这样吧，"没等康庄回过神来，来人又发话了："你不用在车间干活了，调动手续先办着点，咱厂里的会议室刚建起来，你给会议室画满了，咱这个手续就办的差不多了。"

一画两个月。文化局反复催问，市委下文了，手续有什么办头，直接把档案拿过来就行了。

办完调动，康庄问文化局："我的档案很厚吧？"

"不厚，就两张纸。"两张纸走了两个月。

不从那个年代走出来，无法理解康庄这一问。历史的惯性巨大，克服档案恐惧症，需要时间；冲破人才单位所有制，需要过程。

一个人只要希望不灭，甘于做时间的朋友，那么锥处囊中，布口袋终究包不住针锥的锋尖。法国大仲马《基督山伯爵》里有句话："人类的一切智慧是包含在这四个字里面的：'等待'和'希望'。"一个人的命运，常常就是一个国家的命运。国家迎来好时候，康庄个人的好时候到了。

宋代杨万里有首《桂源铺》："万山不许一溪奔，拦得溪声日夜喧，到得前头山脚尽，堂堂溪水出前村。"如今的康庄，"万山"行过，"山脚"已尽。生在泉城，从小与水有缘的画家，闯过人生激流的千回百转，咆哮的"溪声"成为"堂堂溪水"，冲出"前村"，流向江河，直奔大海。

康庄这辈子注定要为画水而生。

孩子长大了，小屋更小了，康庄在院子里搭了间画棚，权作绘画工作室。调入画院不久，市里一些领导来看他。走进画棚，一位老领导当场落了泪，他拉住康庄的手哽咽道："你看看我们的知识分子，就是在这种环境下干四化,搞创作的！"

那时候，中专生算知识分子，干什么工作，都可以叫作干四化，干得速度快就是"深圳速度"。

市领导现场办公，把房管局领导叫来，领导要求他们立即落实知识分子政策。现场办公第二天，康庄领到了两室一厅的新房钥匙，地方是刚刚竣工的毕家洼小区。自己成为专业画家，分房享受了"深圳速度"，一家人欢天喜地。想到画友张宝珠还在破房子里熬着，康庄向市领导请求：宝珠住的比我还差，干脆把他的住房问题一块解决了吧，他那房子冬天能飘进雪花。

不几天，张宝珠迎来惊喜，三室一厅新房到手了。他分到的是五层，楼层比康庄家矮一层，房子多一间，真应了那句话：有福之人不用忙。张宝珠生得一脸福相。

济南画家南部山区写生合照，弭菊田（左六），王天池（左四），张宝珠（左一），解维础（左二），康庄（左三），张登堂（左五），欧阳秉森（右一），相起久（右二）

高光时刻：劳动人民文化宫

康庄调入济南画院当年，担任了画院创作室主任、艺委会主任。转眼到了 1986 年，在中共济南市委全力支持下，康庄、张宝珠、尹延新、李承志计划在首都北京举办四人国画展。为了办好晋京画展，济南市文化局、济南画院按照市委要求，经过半年筹备，先在济南工人文化宫举办了预展。济南工人文化宫就是当年的济南工人俱乐部。

时任山东省委副书记兼济南市委书记的姜春云带领市委副书记贺国强、市长翟永浡到场，对送展作品逐一观看，提出意见建议，指定康庄担任画展领队，负责展览事务。姜春云要求省委宣传部长苗枫林、市委宣传部长孙常印，带领省市宣传、文化部门跟进，大力支持。

四人赴京前夜，姜春云亲自为画家们饯行，他嘱托他们：这是山东画家首次在首都举办画展，要把画展作为济南一张名片打出去,为山东争光,为济南争光。姜春云一向重视文化建设,主政济南期间,武中奇纪念馆、李苦禅纪念馆和王雪涛纪念馆先后落成济南,在全国引起反响。

1986年11月,正是秋高气爽的时节,首都万里无云。北京劳动人民文化宫大门口竖起巨大展板,著名艺术家张仃题写的"康庄张宝珠尹延新李承志中国画展"分外醒目,济南四画家迎来人生高光时刻。11月1日上午9时半,画展隆重开幕。中央政治局委员、书记处书记、全国人大常委会副委员长陈丕显,中央政治局委员、国务委员方毅,中央政治局委员、总参谋长杨得志,中央政治局委员彭冲等党和国家领导人;著名艺术家张仃、何海霞、许麟庐、周怀民、秦岭云、孙瑛、陈大章、欧阳中石、沈鹏、王遐举、刘曦林及首都各界人士上千人参加了画展开幕式。山东省委常委、宣传部长苗枫林主持画展开幕式,方毅为画展剪彩。人民日报、新华社、光明日报、人民日报海外版、北京日报等中央和地方媒体连续发布消息、通讯和

康庄与周怀民先生、许麟庐先生等艺术家在画展开幕式上

专访。

观展的人流中出现了两位澳大利亚人,他们看中了康庄的一幅山水,提出出价若干美元买下来。周围投来称羡的目光,观众鼓动他赶快答应下来,说不卖不是犯傻吗。康庄一再道歉,对不起!作品是参展的,不是卖的。那时的中国人,见过美元的不多。美元在中国还没有正式流通,美元得拿到银行兑换成外汇券,才能买东西。当时有人在地下炒外汇券,有人以拥有外汇券作为炫耀的资本。

回到济南,有朋友埋怨他,为什么放着美元不挣。康庄解释:"我们是花国家的钱,代表山东济南到北京办画展的,卖画对得起国家吗?卖的钱归谁呢?再说我是领队,卖画怎么给单位交代。"。

参展作品被当场卖出,卖的数量越多、价格越高,说明画展越成功,现在都是常识。可那时,人是那样单纯。

单纯是美好的。

劳动人民文化宫展厅里,每天观众达数千人。开幕式结束后,中央工艺美院前院长、著名画家张仃与夫人理昭再次来到展厅观展。康庄请他指导,张仃说:"别的意见我就不说了,我只提一个问题,有的人画了一辈子画,一辈子没有找到自己。你要记住我这句话。"

张仃这句话对康庄触动极大,成为他后来进行艺术创作的警语。

蓄之既久，其发必速。四人画展轰动京师，被美术界誉为"画坛奇观"。"济南四画家"一时成了名闻遐迩的济南符号，"济南名片"在北京打响了。画展展期原定半个月，为了照顾观众需求，只好延期一周闭展。

展览开展和结束后，陈丕显分别在中南海和人民大会堂两次接见济南四画家，对他们的艺术成就给予充分肯定，他幽默地说他们是美术界的"四大名旦"。陈丕显说：山东沿海是改革开放地区，沂蒙山是革命老区，希望你们在以后的创作中补充进这一项内容。

康庄一直把陈老的嘱托放在心上，多少年之后，他赴沂蒙山写生，创作完成了《红色沂蒙》系列作品，完成了这项任务，他觉得可以告慰九泉之下的陈老了。

你是请我画山水，还是请我画风水

书画家创作完成，题写落款时，常常题上"某某先生正腕"之类的敬辞。书画进入了市场，作画流水作业出现了，书画定制出现了。在很多情形下，给书画家"正腕"的，不是艺术批评家，而是书画商和大老板。艺术走到这一步，画家手腕上便多了一只手——老板的手。画面怎样构图，怎样设色，画面上太阳大小、树木高低、瀑布流向，老板指向哪里，画家就画到哪里。发展到后来，有些批评家也让金钱拿住了，"稿费"由画家出，给钱就说好话，价格以字数论。书画应该进入市场，问题是不该这么个进入法，书画市场的规范问题一直没有解决好，真的假的一起来，优的劣的一起上。

先不说年轻画家难抵诱惑，老艺术家败下阵来的，亦不在少数。

近的例子不举了，举两个远的。

有位闻名遐迩的山水名家，老来探索变法，势头极好，如果照此"变"下去，他的山水会更上层楼，在艺术史上留下精彩的一笔。可惜代理商不同意他变法，在海外市场上，他的山水销路正旺，要改变画风，销路会大打折扣。

要钱，还是要艺术？一辈子没见过大钱的老画家，踌躇再三，心一横，打马回到老路上。

有位书法名家也是这样陷入迷途的。

泰山十八盘有三个攀越阶段：紧十八、慢十八，不紧不慢又十八（中间阶段）。三个十八盘，长度不到一公里，垂直高度达到四百多米。进入晚年的书法家，已经走到艺术"紧十八"这一段，只要稳住心神，挺过"紧十八"，前头就是巍峨的南天门，开宗立派的黄金时刻就要到了。要命的是，市场对黄金有兴趣，对黄金时刻兴味索然。老书法家穷了一辈子，一家人指望他来改善生活，好不容易迎来写字等于"写钱"的好日子，老人家再也没有心思研究学问，飞越书法"南天门"的雄心已成过去，他变成一架高速运转的写字机器，每日挥毫，夜夜"写钱"，家庭生活大有改善，书法艺术却在"不紧不慢又十八"上裹足不前，甚至退回到"前十八"，也顾不得了，令无数敬仰过他的人为之痛惜。

在拒绝铜臭气方面，最有定力的艺术家，还数吴冠中。

1995年5月《吴冠中散文选》出版，买回家细细读过，一幅照片插图让我记住了，照片插在《毁画》一文里，图上的吴冠中满脸怒容，扯开双臂，将一幅六尺大画撕作两半，他不想让不满意的画作留给世界。创作本篇，取出书来重读，老人撕画照片再入眼帘，对吴冠中的敬仰之情再添一层。

有一回，有人来买吴冠中的画，吴冠中对手头这幅画并不满意，况且画还没有托裱。可是对方执意要买，他也就卖了。后来看到托裱后的画，老人更加不满意，但已经没有办法，画的所有权不在自己手里了。吴冠中由此决定，对不满意的画，先撕毁，再一把火烧成灰。再后来，老人画不动了，他开始磨平图章，用尽心思，就是不让伪作流进市场，因为他的良心受不了。

"我满意的作品就像我的好姑娘，但她们总不能一辈子守着我，有一天总要'嫁'到博物馆和美术馆，是要给大家看的。可艺术品没有质量就不是艺术品，是废品和垃圾，我怎么能拿那些不满意的作品，去招摇过市，谬种流传，欺蒙喜爱的收藏者和广大观众呢。这是对别人和后世的不负责，我是不想违背自己的良心。"

吴冠中如是说。

仅在1991年，吴冠中就毁画200多幅，如果这些画作进入市场，价值是以数亿、数十亿计算的。为了给后世留下珍品，他宁愿毁掉手头一卷一卷的"人民币"。

真正的大艺术家，定力就在这里。

康庄不是吴冠中，有一年，他一不小心，"手腕子"让老板"正"了一回,好在他醒悟得早,很快夺回了"手腕子"。

有位画商一次订购了他一批画。

回忆起画那批"行画"的经历,康庄的痛苦记忆犹新:"你是不知道,'生产'这批画的经历简直太痛苦了,一种构图,连画十几张,没有一丝乐趣,越画越没有感觉,越画心里越烦躁,画到最后直干哕,想跑到厕所里一'吐'为快。"

尴尬出现在一次朋友聚会上,

康庄一进门便发现,朋友家正堂墙上挂的山水,正是那批"行画"中的一幅。这幅画不见则罢,一见脸热心跳,若地上有道缝,他会一头钻进去,哪怕头破血流也在所不辞。

那一刻,康庄恨不得猛抽自己几个嘴巴,他在心里一遍遍痛骂自己:"我怎么可以画这样的垃圾!"

"这样吧,这幅山水是我过去画的,画得实在不好,你把它拿下来给我,我重新给你画幅好的。"康庄揣量着给主人商量,生怕对方理解有误,越想换回来,人家越不换。

"不用了,不用了,我就喜欢这一幅。"

果然,他越想换回这幅画,对方越是不答应。人家的心思他明白,既然画的不好,你为什么要换回去?在海外书画市场上,一些大画家晚期作品确实卖不过早期的。

康庄这才明白,"行画"一旦流入市场,画家说了不算了。画流到哪里,把画家的脸打到哪里。

康庄绘画几十载,这是他最不能原谅自己的地方。

康庄的遗憾也是我的遗憾，我被他的艺术精品打动过，也为他的"行画"惋惜过，也见过他画的"垃圾"。我当然明白那些画不是他的真实水平，可是毕竟出现在市场上了，作为画家，给谁解释去？

从那开始，康庄给自己定下铁规矩，不管给不给钱，不管给多少钱，画就认真地画，坚决拒绝"行画"出手。

自己的规矩刚定下，有朋友陪着大老板上门了。

老板对康庄说，他的办公室找风水先生看过了。屋里不缺别的，唯独缺"土"，请他画一张巨幅大土山挂在墙上，山上不能有水，不能有树，价钱好商量。

原来，这位老板从事金融行业，朝思暮想的是"培土生金"，财源滚滚。

"你这是请我画山水呢，还是请我画风水？"康庄心里话。

他耐着性子解释："山水画，山水画，没有树木的山好看吗？瀑布是山的血脉，没有水的山水画，还能叫山水画吗？"

不管康庄怎么解释，老板只要风水，不要"山水"。康庄只好选择放弃。

20世纪80年代，魏启后接受笔者采访，他说道："在我的青少年时代，毛笔字已经不是糊口工具，更不是进身之阶，正由于这样，我在这门艺术探索的道路上，就不存在向别人讨好的必要性，因此我有了充分的自由。"

魏启后写字拒绝"讨好",当时不是没有非议,直到现在未必没有批评的声音。老人在写给我的一封信里解释其中的苦乐:"我曾多次受到过好心的前辈和朋友的劝告和批评,但是我没法不固执己见。同时,另一方面我也得到一些前辈和朋友的同情与支持。几十年的经验使我体会到,在艺术上只有不向别人讨好,才能得到人们真正的默契和共鸣。随着自己的进步,我得到的这种真正的默契和共鸣越来越多了。"

艺术上不讨好,是魏启后书法创作的肺腑之言、经验之谈。讨老板的好,讨市场的好,或者讨一些官员的好,你的艺术好不了。一个决意对艺术以身相许的画家,一定推开老板的手,还自己一个自由身,向理想的艺术王国前进。

康庄说:"画家一心作画就是了,不用管市场。市场有市场自身的规律,不是画家能决定的。画家流入市场上的画,到底能卖多少钱,与画家没有利益关系。"

这话吴冠中也说过。

有一年,吴冠中一幅画在拍卖会上拍了几千万,有人向他祝贺,他说:他的画在市场上拍出高价与他无关,一分钱也到不了他手里,有什么可以祝贺的?

大凡出名的画家,还有一个难言之隐,为公共场所画画,有时身不由己,他们常常会接受一些官员的"业务指导"。这种指导有时是柔性的,有时是刚性的。吴冠中说过:好的艺术应该是群众点头,专家鼓掌,做到这一点颇不容易,特别是为公共场所作画,让上上下下都点头,有时真不容易。

郑板桥那首《竹石》诗,天下无人不晓:"咬定青山不放松,立根原在破岩中。千磨万击还坚劲,任尔东西南北风。"不论竹子还是松柏,其根"咬"在石头缝里,石头缝与苍天不可能都是垂直关系,石头缝里长出来的植物与苍天也不可能都是垂直关系。如果画家画的松柏,不像钱松嵒《泰山顶上一青松》那样画得挺直,作品就有通不过的可能。

1973年钱松嵒创作了《泰山顶上一青松》,硕大的画面上,一棵巨松挺立于陡峻的山岩上,树荫如盖,巉岩似削,作者书法用笔,笔性古拙大气,题画诗更是豪气干云:"泰山顶上一青松,历尽沧桑不改容。战风战雨战霜雪,铁柯撑柱在高峰。"这幅大画构图奇特大胆,钱松嵒有这个本事,后人沿用这个构图,很难再有突破。试想,在单位时间里,将巨松直立立地画在山尖尖上,要画出松柏的伟岸,画出中华民族积淀千年的对松柏气质的理解,还要画出美感,画家的难处,是可想可知的。

出精品的办法其实简单得很,让画家自己动脑子。

脑子进水的感觉真好

清晨
我踏上绿色的云
云缝里
涌出一股泉水
把裤脚再挽高一点吧
半空中
竖
起
一
条
河
——康庄《绿云行》

诗里的水是"小水",康庄绰号"康大水"。

2014年初的一天,笔者在张登堂先生家,他问:"你注意了吗？康庄画水取得了大突破。""我注意到了。"笔者回答。

　　这是我第一次也是最后一次听他评价康庄。第二年8月，张登堂先生就因病辞世了。有一年张登堂与康庄一起在中南海作画，张对在场的领导说：二十年之内，画水没有画过康庄的。张登堂20世纪70年代以画黄河、海河享誉画坛，画水下过大功夫，他对康庄的评价绝非溢美之词。

　　世界上，大概只有中国画以题材区分画种，比如山水画、花鸟画、人物画等等。一般来讲，大画家们功力深厚，驾驭题材广泛，各擅胜场，像齐白石草虫画得好，画虾尤为出名；徐悲鸿擅画马，李苦禅擅画鹰。在一般画家笔下，马不过是一种动物，或是驮载工具。而在徐悲鸿笔下，马是踏着清风从古代走来的泱泱君子。齐白石说过"学我者生，似我者死"。许多画家终身模仿名家，就像一味画齐白石的虾、徐悲鸿的马、李苦禅的鹰，画来画去，把自己画"死"了。书画爱好者照猫画虎，自娱自乐，颐养天年，画着玩玩当然可以，专业画家这样画，画不出大出息。

　　康庄画水没有走这条路。

　　他二十多岁时被泰山瀑布震惊。真正琢磨画水，进入画水的堂奥，是在壮年之后，原因是他已经不满意古人画水的程式化了。古人画水是用线"描"出来的。"描"是中国绘画术语，是用线作画的意思。顾恺之创造出"描法"以后，"绘画"才变成"描绘"。"描绘"与"渲染""烘托""气韵生动""画龙点睛""胸有成竹"一样，都是源于绘画的词汇和成语。读书人明白这一层，会增加对中国语言艺术的理解。

2022年3月的一天，笔者与康庄再次聊画水。

康庄说他画水最早临摹的是马远、夏圭。马夏画水全用线描，二人用"线"已经登峰造极，后人无法企及。康庄说西画也有描法，"外国文学名著里的钢笔画插图，就是用钢笔'描'的。"

山东关黑弭岳四大家，画水最好的当数弭菊田。弭菊田继承马夏线描传统，画出来的水生动具象，雅俗共赏，老一辈画家画到他那一步不容易。弭菊田经典作品《成山巨浪》《海岛女民兵》，是其画水代表作，也是康庄学习画水的摹本之一。

在省外山水大家名家中，康庄系统研究过傅抱石、黎雄才、应野平、陆俨少、宋文治、孔仲起、童中焘的作品，对他们山水风格烂熟于心。其中，对他影响最大的画家是傅抱石。他15岁见到大师作画，真正懂得大师的高明，是在50岁以后了。傅抱石中年独创抱石皴，破笔乱皴，貌似粗头乱服，实则"法自我出"，画家将毛笔的性能与自己的才情发挥到了极致。毕加索评价梵高：希腊人、罗马人、文艺复兴人都有一个规则来画画，从梵高开始，每个人都必须做自己的太阳。自己的太阳就是自己创立规则。

"傅抱石从日本回来后，在水的画法上打破了传统公式化，用散锋乱笔表现山石结构，用留白画出瀑布。他的《镜泊飞瀑》，我临摹过多少遍，这幅画对我画水影响太大了。"康庄说。

"用描法画水最大问题是什么？"我问。

"局限太大，水的结构出不来。其实现代画家画水已经与古人拉开很大距离了。用线描画水像京剧脸谱一样，关公是红脸，曹操是白脸，什么角色勾什么脸，全都形成了模式，多一道少一道都不行。就像戏台上的角色，举起鞭子一晃悠

《龙藏》局部

就是骑上马了，这种虚拟动作开始是一种创造，也是一个高度，时间长了有了副作用，变成公式化的程式，把人的手脚束缚了。"

"那你是怎么琢磨起画水来的呢？"

康庄说始于创作大画《惊鸿游龙》的前夜。

"我20多岁的时候，一次深夜登泰山，走到扇子崖下，猛见瀑布如银河倒挂，轰轰泻下，黑黝黝的是山，白亮亮的

是水，瀑布声如雷吼，亮如闪电，我一下被水的力量震撼住了，'惊鸿游龙'一词儿从脑海里跳出来。为什么印象这么深？因为黑夜滤掉了视觉干扰，山黑水白，水势磅礴，水的结构出来了。2007年出版画集书名定为《惊鸿游龙》，原因在这里。"

康庄写的自序，题目亮眼：《脑子进水的感觉真好》。

"脑子进水"用来形容人犯傻，康庄别出心裁，反话正说。自己一天到晚琢磨画水，"水"自然流进脑子。北宋画家文同是画竹名手，与苏东坡是表兄弟，苏东坡请教他画竹。文同告诉表弟：要画好竹，"必先得成竹于胸中"。苏东坡由此提出"胸有成竹"的绘画主张。"胸有成竹"成为中国绘画继"画蛇添足""画龙点睛"之后又一重要画论，也是后来源于绘画、使用最广泛的一个成语。

"胸有成竹"贵在"成竹"，"成竹"已不是眼中之竹，是画家下笨功夫，经过长期观察体验，了然于胸的竹子。笔者以为，"胸有成竹"画论诞生900年，与之相媲美的词儿，唯有"脑子进水"。同样，画家脑子进的"水"，已非造化之水，而是画家心中之水。如石涛说的"画山水者应脱胎于山川"，"脱胎"之后的山川，是画家心中的山川，不然，腕下的山川与放大了的照片无异。

"挂流三百丈，喷壑数十里""飞流直下三千尺，疑是银河落九天。"古往今来，描写瀑布的千古绝唱，唯有李太白《望庐山瀑布》两首，前为五言古诗，后为七言绝句。两诗将奇妙的夸张与惊人的想象冶为一炉,惊天骇地,非诗仙不能如此。康庄笔下千姿百态的飞瀑,有的如银河倒泻,飞流自上崩注而下,滂濞恣肆,电鹜雷骇,喧豗之声仿佛惊破宣纸,直入观者耳鼓,像《惊鸿游龙》《响雪》《悬河之一》《寒烟夕照》《练垂青嶂上》《黄河之水天上来》;有的瀑分几股,挂流如帘,叠泉淙淙,动中有静,诗意满纸,如《泻玉响翠》《沧溟净界》《碧流清似眼》《苏轼诗意》《松谷探幽》;还有的飞瀑,如《泻烟》《观者恫骇心与目》《雁荡山》等画作,瀑布犹如利刃将山色切割开来,营造出"一条界破青山色"的意境,给观者以艺术享受。

　　南朝文艺理论家刘勰说得好:"登山则情满于山,观海则意溢于海。"康庄的诗作《立意——一幅画的完成》,表达出的正是此意:

> 我站在桌前 犹如站在山顶
> 俯瞰 云烟缝隙中的泉眼
> 生出——山岳之泪
> 在我心中 在我手中
> 喧嚣着奔雷般的涌出
> 泻在 一片空白的不知何处的
> 乱石狰狞的峡谷
> 在震荡的空气中 我的画室
> 似乎落下一片扩散开来的
> 毛毛雨般的水珠

我嗅到了水气甜美的清洌
慢慢沁入肺叶中的血管
尚未蘸墨的画笔又一次经历骚动
不安地期待我拍案而起的挥扫
我正站在——山顶
冲着白雪般的有点潮湿的宣纸
——陶醉
一九九一年七月

有论者评说：康庄"开拓出一个意蕴无穷的世界，他以前瞻性的视角重新建构山水画，成功地激活了'画水史'的新经典，给了今人关于山水画继承发展问题的无限启示。"

我们夜聊画水，他使用率最高的词儿是"结构""关系""变化"，如水是有结构的，瀑布遇到山石是个什么关系？水量不同，瀑布的厚度不同，水流变化就不同。水是无

《泻烟》

形的，是山石塑造出水的形态，没有山势的不同，出不来水的变化，如落差的变化，透视的变化，高低的变化，其中水口的变化是最微妙的。

康庄说："站在壶口瀑布跟前，你会看到黄涛奔泻而下，遇到各种崎岖的巨石，形成水势的百回千折。画水要紧的是找出它们之间的关系，找出其中的结构，才有可能画出自己想画的水。"

"那就示范一下吧，我想找到你画瀑布的感觉。"

"你没见我画画是吧？"

康庄往砚台里倒水少许，用手中的石獾笔（他称"大笔头子"）搅和一下，铺开一张四尺宣，蘸了蘸墨，画起瀑布来。

散锋大笔头子刷刷几下，刷出了瀑流，笔速疾中有涩，腕子提按之间，水的弹性出来了。水墨的浓淡干湿，提按轻重的拿捏，一看就是几十年的火候。

"看见了吗，宣纸非常敏感，画水得找到这种感觉，水流遇到山石，流不那么痛快，你得找出瀑布与石头结构的变化，找对前后关系，画瀑布不画石头，水流动的结构就出不来。"

"看这地方，"画家笔指留白，"这里最亮，要交代出明暗变化的关系。国画不同西画，高光处要用留白处理，水大的地方白就多，要交代出水的层叠感，注意把握水汽氤氲的感觉。"

"再看这个地方，实笔与虚笔并用，才出来涩涩拉拉的感觉，交代出水遇到的阻力。"在济南方言里，"涩涩拉拉"读作"shei shei 拉拉。"

康庄接着说："我用大笔头子画小画，勾皴擦染一次完成，都是傅抱石山水的画法，不像有的画友，先勾再皴三点染。画画如果墨色不够，画出来的物象，分量就不够，包括架构啊气势啊，还有精气神等等，靠颜色是补救不过来的。"

瀑布画完了，他开始补石头。

"你画山石追求什么风格？"

"画山石也是画结构，要画出山石的质感，古人讲石分三面，树分四枝。怎样找出石的

《山海有约》

三面、树的四枝，就看你的悟性了。"

说话间，石头画好了，他笔下的石头真有体积感，不像有的人画的石头，看上去又薄又脆，跟三合板一样，感觉一掰就断。

听康庄讲水，看康庄画水，只有一种感觉：他脑子进水了。

脑子不进水，怎么这么多画水的道道？

论者又怎么会说，他的"艺术达到了无可复制、出神入化的境界。他笔下的富有性格的'动态之水'，可谓开一代画之风，填补了画史的空白。"

山东是海洋大省，海岸线长达 3345 公里，约占全国海洋面积的六分之一。山东画家用画笔画出大海的磅礴与伟岸，在给人们以艺术美享受的同时，对唤醒全民族海洋意识，激发大家热爱蓝色国土的热情，都是一件非常有意义的事情。为此，康庄与张登堂发起了山东画家海疆万里行活动，活动得到有关方面的大力支持，山东画坛十几位有重要影响的画家走进了蔚蓝色的大海。

作为山水画家，这是康庄继山水画突破瀑布之后，向"海水画"发起冲刺的全新挑战。

"画海水我是请教过登堂的，登堂画海水的办法是直接用花青色，破开笔锋扫那么几下，然后再进行简单的烘染。"康庄回忆道。

"你的办法是什么？"

"传统画水没有没骨画法，波澜和波浪都用线勾勒，山东画家刘宝纯和张登堂画水，都是用的没骨画法，我采用的也是没骨画法。画海水，我首先强调的是它的结构，在用色上加上灰色调，而不用简单的单色。通过对大海的观察和体验，我发现海水颜色变化是很多的，要把海水的'深度'找出来，光用花青色，解决不了问题，因为那个样子画出来的海水就会显得过艳过于单薄，大海的厚重和分量出不来。大海波飞浪涌时候，海水亮的地方很少，深进去的地方很暗，颜色接近黑，看上去非常恐怖。我尝试用很多颜色表现水的质感，比如加上赭石、酞菁蓝、藤黄、胭脂，有时还加上一些淡墨。做到这一点，得益于画西画的经历，不管是画水粉还是水彩，什么颜色我都能调得出来，再复杂的颜色，我会分析它的成分，就说灰色吧，灰和灰不一样，有绿灰、褐灰、紫灰，最复杂的颜色就是灰，灰的调子在阳光天和阴雨天会呈现出不同的颜色。登堂对我画海的探索非常赞赏，他说他的画法比较概括，我的画法比较深刻，他认为我应该坚持自己的画法。"康庄说。

画出与别人不一样的画，才是一个画家存在的理由。

留法大画家赵无极说过："我要求我画的和别人不一样，和我以前画的不一样。"

大海之惊涛与高山之飞瀑迥然不同，要画好海水，就得摸透大海的脾气，非如此，不能画出大海的魂魄。为此，康庄和画伴们搭上渔船驶进了公海。

从未见过的大海出现了,从未见过的海色出现了。过去他只看到过湛蓝色的大海,深蓝色的大海,这次他见到了漆黑如墨的大海。深海里浊浪排空,浪涌如山,画家心灵受到强烈震撼,画海的感觉找到了。

《踏浪系列之七》

康庄描绘大海之水再获成功。成功标志是他 2008 年《踏浪系列》作品问世。《踏浪系列》以搏击浪潮的冲浪运动员为题材,画面上的弄潮儿,猫腰立在冲浪板上,时而被惊涛推上峰巅,时而被骇浪卷入旋流,时而又堕入浪谷。前边万顷浪,后边千堆雪,人在浪里飞。在透视关系作用下,冲浪板犁出的涡旋,与其说扬起在弄潮儿身后,不如说腾起在他们上空。画面极具动感、

《踏浪系列之八》

陌生感和视觉冲击力，给人以力与美的享受。

中央美院教授、美术评论家邵大箴说："在他的笔下，笔墨的张力被舒展到了一个无限宽广的境界，他要走一条与一般画家不同的绘画之路。他以极具个人风格魅力的作品，为当代中国山水画发展的历史长河，增添了一抹动人心弦的'水色盎然。'"

《南海潮》

画家，你为何不是"好色之徒"

有二十来年了吧，某天某场合，看见墙上挂的一幅山水，一下把我带入到江南水乡。画作打动人的，不单是笔调的秀韵、构图的精致，而是色彩的清丽明艳，没见过山东画家这么设色的。

近前一看落款，不由一愣：

康庄。

他变法了？

从那天起，笔者开始关注康庄，向朋友推荐：你们一定要注意康庄老师的山水。

看到这幅江南山水，瞬时想起著名诗人余光中的《水乡宛然——观吴冠中画展》。余光中幼年曾在苏州小住，老来重回水乡，发现昔日明亮的河水满是"迟滞的腥浊"，诗意江南的印象瞬间破碎。直到观看了吴冠中画展，诗人的记忆才被重新唤回。他写道：

低头问水，那迟滞的腥浊
怎么也找不出我的面目，
我转身踏上归途或是不归途
几乎要放弃了，却被吴翁
在背后一拍肩把我叫住
"且跟我来，"他神秘地笑说
便带头领我，一路顺着
他妙手布下的线索和墨痕
回到小运河堤边
顺着青苔石板，一级级
就这样恍然步下河去
直到水凉触肌
一条鱼认出了我，泼辣跳起

《沧溟净界》

康庄美术馆开馆后,系统地看了他的山水,我对他说:"你的画与吴冠中有相似之处。"

"有位大领导也这样说过。"

"你怎么回答?"

"人家吴冠中是什么人?我是什么人?我哪有他的才情和高度。不过,我赞赏他是真的,他最会玩线,能用一根线表现的,绝不用两根,他用线高度概括,我非常欣赏。"

之前,笔者在济南看过吴冠中画展,上网再看,发现两人画风根本不同,为什么感觉他的画像吴冠中?

大概他们都画出了水乡江南的意境吧。吴冠中的江南里有安徽的投影,康庄的江南里有福建的印象。无论画家用线还是用色彩来表达,江南水乡的"腔调"都让他们抓住了。

《春风又绿江南岸》

又綠江南岸 明月何時照我還 葳生集 壬辰

吴冠中生在江南宜兴水乡，康庄生在济南，作为北方画家，要画出江南的神韵，他比吴冠中难得多。

康庄专攻山水之后，以傅抱石、钱松嵒为首，亚明、宋文治、魏紫熙为中坚的新金陵画派，成了他心追手摹的画家群体。康庄认为傅抱石画得高，钱松嵒传统功力深，亚明才情大，宋文治画得美。山东画家刘宝纯、张登堂的作品都有宋文治的影响。宋文治擅画太湖美景，有"宋太湖"美誉。他的作品清丽典雅，意境隽美。在新金陵画派中，康庄临摹宋文治最多。

报人董桥有篇散文《文字是肉做的》，题目与沈从文评价文学，不用"结构"用"组织"意思一样。沈从文认为（大意），"结构"是理性的、逻辑的，"组织"是感性的，有生命的。康庄笔下的水乡是肉做的，杏花春雨，烟波画船，一经画家"组织"，出手就是水灵灵的江南。

大画家的本事，是用一管有灵性的笔在宣纸上弹奏出灵与肉的交响。至于用什么颜色，用多重的颜色，涂彩还是泼彩，毛笔是中锋、散锋，还是滚锋，用笔写还是用笔扫，一切全是手段。做人最忌讳不择手段，画家创造艺术至境，得敢于不问手段，自立规则。

不幸的是，有些人宁愿淹死在水墨里，也不敢从墨池里爬出来喘口气。大师黄宾虹七十岁前是"白宾虹"，七十岁后变为"黑宾虹"，作画一"黑"到底，他可以行，别人不行。

况且他老人家的画法并非没有争议。画家梅墨生听他老师说过，朋友到黄宾虹家，黄有时送画给他们，人家笑而不接，场面还挺尴尬的。

笔者与康庄一样，都喜欢黄永玉的插图散文集《沿着塞纳河到翡冷翠》，其文字，隽永简劲；其插图，色彩极强烈，又极和谐，紫蓝色可以染在天空上，也可以涂在道路和植物上，想怎么涂就怎么涂。单独看色彩不合理，不漂亮；可与红的绿的黄的一搭，漂亮死了。正像作者本人说的话："艺术是让人高兴的，让人没有距离。"吴冠中给自己定的艺术标准与黄永玉差不多："群众点头，专家鼓掌。"

传统中国画在国外，总给人颜色弱的印象。其实中国画颜色原本不弱。顾闳中《韩熙载夜宴图》弱吗？李思训《江帆楼阁图》不弱，王希孟《千里江山图》也不弱。若以设色论，笔者最激赏色彩繁复、格调典雅的《江帆楼阁图》。

从中国绘画史来看，中国画颜色的地位逐渐下降是个不争的事实。南朝谢赫在《画品》中，还将"随类赋彩"列在"六法"第四位；唐代张彦远首倡"墨分五色"；五代荆浩在"六要"中已经舍弃了"色彩"，将"笔"和"墨"相提并论了。笔者认为，发现笔墨的重要是荆浩的贡献，对色彩的轻忽是他的负面遗产。画家知白守"黑"，积久成习，积淀为文化，舍弃色彩成为中国画家的集体无意识。

真是成也荆浩，败也荆浩。

国画大师潘天寿画的雁荡山系列，用色多漂亮，可他也贬低色彩："水墨画，能浓淡得体，黑白相用，干湿相成，则百彩骈臻，虽无色，胜于有色矣。五色自在其中，胜于青黄朱紫矣。"

无色胜于有色？

我怀疑！

有论者认为，吴昌硕是中国文人画最后一个高峰，潘天寿是传统绘画最临近现代而终未跨入现代的最后一位大师。

笔墨自有无穷魅力，但是不管魅力多大，都不应是画家放弃色彩的理由。潘天寿说过："艺术的重复等于零。"

画家总在笔墨里找乐子，因袭、重复，离"等于零"，可能就不远了。

美术评论家邵大箴听《开国大典》的作者董希文说：中国画缺少大的气势，中国画色彩方面也有问题，中国画在色彩方面也不够重视。中国画要发展，既要继承文人画的传统，继承文人画以前的传统，还要吸收外国艺术的经验，吸收时代的气息，中国画才有发展的空间，才能走上更加繁荣的道路。

反观西方画家，重视色彩是美术传统。达·芬奇说："绘画科学研究物象的一切色彩。"塞尚说得更直白："色彩是伟大的本质的东西。"他甚至认为："绘画是一种光学。"

从这个意义上说，西画是国画的一味药。

《碧流清似眼》

一代宗师林风眠戏称自己"是个弄颜色玩玩的人",是艺术上的"好色之徒"。他和学生吴冠中一生探索形式美,勇气超越了同时代画家。

黄永玉同样推崇林风眠,听说有人批评他的国画不正宗,老人嗔怒(也可能装的)道:"谁再说我画的是中国画我就告他！"

有一回，黄永玉到香港出席画展，他对身旁人说："这位画家还不懂颜色。"

画了一辈子画，为什么还不懂颜色？大概是他的画里只有祖宗的颜色，没有自己的颜色。笔者以为，色彩语言缺乏陌生感，是中国山水画的通病。康庄说过，有的国画家不会调色，从颜料管里捏出什么色用什么色。

康庄山水以小青绿为主，吸收大青绿浓重典丽，以及金碧山水的一些金色元素。他认为，现代画坛上，花鸟画颜色比山水画处理得好。老一辈画家在颜色上有所探索的人，可以举出张大千和刘海粟。两个人都玩泼彩，张大千"泼"得雅，他用墨色打底色，再用颜色破解。他不使用那么纯的颜色，颜色里有好多过渡和层次，这样更能表现墨色和颜色的融合，用色接近于成熟。康庄说："我借鉴了张大千的一些画法。刘海粟吸收了一些现代派和超现实主义的东西，他的泼彩比较强烈和刺激。他与张大千都有自己的想法，但都还没有达到成熟阶段。山水画解决颜色问题，不是一两代人能够完成的。"

"不是一两代人能够完成的？"

观点挺残酷，残酷的观点，有时距离真理更近。

老艺术家一再坦言，他对色彩的探索还在试验之中。

20世纪八九十年代，宋文治大胆变法，尝试没骨泼彩山

画家，你为何不是"好色之徒" 149

《雁荡秋艳》

水画，在艺术探索中再开新境。假如在色彩和形式感上，康庄再向前走一步，他的山水会呈现什么效果呢？

创作本篇，笔者常冒出这个想法。

国画不同于西画，国画用墨色打稿，着色极不易。清代花鸟画家恽寿平说过："俗人论画，皆以设色为易，岂知渲染极难。画字著色，如入炉中，重加锻炼，火候稍差，前功尽弃。"

"渲染极难"，不是自废武功的理由，"火候稍差"，加把劲练"火候"，久久为功就是了。笔墨韵味无穷，确是中国画重要特色。可是一代代画家总是忙活着从笔墨里找古韵，找来找去，古来古去，在墨池里扑腾久了，想爬出来喘口新鲜空气，变得比登天还难。

画家，你怎样面对"傅抱石之问"

康庄谈画，"思想"二字时常脱口而出。帕斯卡尔说过，人是能思想的芦苇。在如今艺术界，"思想"是稀缺资源。画坛不缺收钱捧场的评论家，缺少识见独到的思想家。

笔者以为，傅抱石、林风眠与高徒吴冠中，堪称现当代中国画坛上的思想家。将近90年前，林风眠直斥："中国之所谓国画，在过去的若干年代中，最大的毛病，便是忘记了时间，忘记了自然……中国的国画，十分之八九，可以说是对于传统的保守，对于古人的模仿，对于前人的抄袭。"

几十年过后，吴冠中继承老师衣钵，痛感因袭下去，中国画希望渺茫。进入晚年，白发老人振臂呐喊："笔墨等于零。"

平地起风波，一片讨伐声。

吴冠中阐释（或解释）："没有内容的笔墨等于零。"

这也不行，讨伐依旧。

《江南三月润如酥》

领头讨伐的急先锋,是老朋友张仃。

吴冠中不管这一套了,继续放言:"我认为形式美是美术教育的主要内容,描画对象的能力只是绘画手法之一,它

始终是辅助捕捉对象美感的手段,居于从属地位。"

他还有更激烈的言论:"一百个齐白石也比不上一个鲁迅。齐白石可以没有,多一个少一个,都没有什么区别,对民族的影响都不大,但是国家需要鲁迅,倘若没有鲁迅,中国人脊梁也就软上许多。"

康庄说:"初看吴冠中的话说得非常极端,仔细想想,他说的都是很有道理的。他说笔墨等于零,其实他非常重视笔墨,他的线与笔墨的分寸掌握得恰到好处,一点多余都没有。"

有专家评论吴冠中的油画,"他的油画既不是前苏联的油画,也不是欧洲的油画,而是地地道道的中国式的油画。"

接过专家话头,可以这么说:吴冠中和黄永玉的国画,不是古代人画的中国画,是当代人画的中国画。

大师之后没有大师,是事实,也是神话。

打破神话的是林风眠。

林风眠学生中的留法三剑客(吴冠中、赵无极、朱德群),每一位都堪称大师。在海外艺术品拍卖中,三剑客的画价坚挺得很。

笔者敢言傅抱石是画坛思想家,是看到他有一问,我称之为"傅抱石之问"。不知多少画家留意过"傅抱石之问":

"我们闭目想一想,再过几百年或几千年,有些什么东西,遗留给我们几百年几千年后的同胞?又有什么东西,表白现时代的民族文化?中华民族美术史上的这张白纸,我们要不要去写满它?这许多疑问,为中国美术,为中国文化,换句话,即是为民族,岂容轻轻放过!"

在中国当代绘画史上,几位画家想过,用什么样的艺术作品"遗留给我们几百年几千年后的同胞?"

"岂容轻轻放过?"

此语力能扛鼎,画界几人喊得出!

对康庄山水变法(包括画水,设色),并非都认同。有位朋友称赞他的山水很震撼,同时好意地提醒说:"你的画还缺少古意。"

这个建议很有意思。

清代画家王原祁说:"学不师古,如夜行无火。"康庄师古是下过苦功的，可是美术史告诉他，一味师古，如同心中无灯。

他认真思考了几日，电话打给朋友："我是这样想的，我出生在20世纪，生活在21世纪，我画我当下对大自然的感受，画我现在的思想感情，为什么我的画一定要有古意？我要一天到晚临黄子九、文徵明、四王吴恽，一门心思追求前人古意，我的画与时代有多大关系？"

丹纳早就证明过一个真理，要创作艺术佳构，唯一的条件就是歌德所提出的"无论你们的头脑和心灵多么广阔，都应当装满你们时代的思想感情"。画中国画唯恐"古意"不足，恰是"对于传统的保守，对于古人的模仿，对于前人的抄袭"。缺少的正是"时代的思想感情"。

康庄对笔者说："你看四王吴恽画中的石头，今天把石头搬到这边，明天把石头搬到那边，画家变成石头搬运工，这样的画你看一百张，感觉像看了一张。系统学习美术史，才会明白创作的方向。"

石涛说得更绝："我之为我，自有我在。""不恨臣无二王法，恨二王无臣法。"一般画家遵守规则，杰出画家创立规则。山东画家对开辟画风看得太淡。清末民初，上海出现海派，广东诞生岭南派，江苏有了金陵画派。新中国成立后，江苏有新金陵画派，陕西有长安画派。

新金陵画派先有傅抱石扛鼎，后有钱松嵒接棒，接下来是亚明、宋文治、魏紫熙等一大群人。20世纪60年代初，傅抱石率领"江苏国画工作团"完成了跨越六省的二万三千里写生，奠定了新金陵画派重视写生的好传统。在新金陵画派中，除了服膺傅抱石，康庄格外欣赏亚明。亚明是画派中坚人物、画派推动者和组织者，亚明学了傅抱石很多东西，他的观点"中国画有规律而无定法"，解放了许多画家的思想。

《傅抱石画集》1958年出版，郭沫若在序言中将傅抱石与齐白石比肩："我国绘画，南北有二石。北石即齐白石，南石即傅抱石。"郭沫若还题写了"南石斋"赠予傅抱石。《傅抱石画集》的出版，奠定了他在中国画坛上的大师地位。

金陵画派接棒人钱松嵒，也是一时人物，他的代表性作品被誉为"重要的江南文化符号"。画家画一辈子画，几人能成为符号性人物？

自觉的创新意识，辩证的民族意识，高尚的人文精神，激情的写意精神。他们完成了国画由古典形态向现代形态的转换。这是人们对新金陵画派的归纳。

长安画派创始人，一说何海霞，一说赵望云，还有说石鲁的。

是谁？谁先谁后？

都不重要，重要的是，长安画派拿出了反映时代的佳作，亮出了"一手伸向传统，一手伸向生活"的主张。

鲜明，亮眼，好用，不服也得服。

进入新时期，以丁绍光、蒋铁峰、区欣文等人为代表的云南画派异军突起，突出代表是丁绍光。云南画派开创人丁绍光，融东西方和古今色彩为一炉，色彩华丽繁复，作品创构出感动人心的魅力。1980年他为人民大会堂创作了大型壁画《版纳晨曦》。1990年在日本东京国际艺术大展上，丁被誉为现代重彩画大师，选入自14世纪以来世界最杰出的百名艺术大师之一，成为唯一入选的华人艺术家。另一位色彩高手蒋铁峰则被国外冠以"云南画派之父"。

笔者认为，画坛"好色之徒"首推丁绍光。可惜他不是山水画家。不然的话，中国山水画应该有他的贡献。曾看到丁绍光的一段访谈视频，他对着镜头痛批文人画千人一面："画画从哪里开始？天马行空。画画第一步，不是看着对象发呆，是天马行空，你脑子处在一种高度想象力的状态（的时候），才来开始画画。千人一面害死人，我在那里（美国）教书的时候，曾经把中国从元以来很多很多的画家的作品摆在那里，学生都告诉我，这是一个人画的。我说怎么是一个人画的？有个教授想了想说，我看也是一个人画的，不过这是青年时代画的，这是中年（画的），这是晚年（画的）。实际上是一种美学、一种技法、一种章法、一种技巧不停地在反复。我认为文人画走到最后的时候，就是千人一面。大家就根据一个画谱，根据一个粉本，生活也不去（体验），也不观察生活，也不写生，就是古人怎么说我就怎么画。"

齐鲁画坛比较传统。早在1962年,山东召开全省美术工作座谈会,全国鲁籍画家和本省重要画家悉数参加,这样的规模后来再难有了。与会者登泰山,上崂山,既座谈又写生,会议的目的是想打出"齐鲁画派"旗帜。

可惜一直没能打出来。原因多方面。依笔者愚见:山东画坛自有雄浑厚重、讲究传统、重视笔墨的传统,而勇于实行拿来主义、贴近时代、识见高深的大画家还嫌太少。

记得20世纪80年代后期,笔者奉命采访一位老画家。谈起自己的近作,老人神情自负得像个少年郎,脸上的老年斑仿佛都变红了。真实的情况是,他的画70年代最好,后来一路下行,十头牛都拉不住,可惜没人敢告诉他。

山东画家一直没能打出鲜明的艺术主张。

更重要的,山东缺少一位开宗立派、"登高一呼群山应"的画坛领袖。

康庄认为,齐鲁画坛缺少对本省美术进行梳理总结,敢于亮"见"的笔杆子。

长久以来,山东不缺好画家,缺的是具有"文化符号"意义上的大师,缺少的是在形式上敢于突破旧我、在色彩上放胆"渔猎"的"好色之徒"。

山东白酒很多,滋味也不错,没有一种进入八大名酒。

火车不是推的,泰山不是垒的。

诗之境，得泰山之助

唐朝有位政治家、文学家叫张说，他被封为燕国公，与许国公苏颋齐名，号称"燕许大手笔"，后人有"开元彩笔，无过燕许"一说。张说被贬岳州之后，诗风为之一变，"人谓得江山之助"。有人说唐诗"渐入盛唐"，是三度为相的张说起的头，可见江山之助对于艺术家的重要。

康庄是位优秀的诗人，从少年到古稀，登临岱岳小百十次，诗作与其山水画一样，境界雄阔，别有气象，同样得泰山之助。

看这几句：

"抬头 没了半个头皮／山顶有雨。"（《登山》）

"我躬下身去／捧起一把丰厚的鳞甲／这里是龙的世界／绿涛中／我听见苍浑的低吟／千百年了吧／你没有腾空飞去／岩壁挤住你／扭曲的尾巴／盘绕环结的躯干／织成蔽日的网／捕捉那天外游来的鱼。"（《松的海》）

读《康庄现代诗选》，感觉其诗讲究炼句炼意，诗风凝练雄奇，属于经营一派。假如将他的诗与当下某些诗放在一起，后者会变成水蒸气。在康庄创作的泰山诗歌中，《山梦》《绿云行》《碧霞祠》《经石峪》《十八盘》，给人印象非常深刻，其中《经石峪》和《十八盘》最动我心。

经石峪位于泰山斗母宫东北400米处，在约2000平方米的石坪上，镌刻着一部现存一千多字的《金刚经》，石刻字大如斗，被称为"大字鼻祖""榜书之宗"。作家汪曾祺评价："这样的字，和泰山才相称。"

康庄写的《经石峪》，全诗四行，豪气满纸，沧桑扑面：

经石峪留影

> 这卷经
> 该怎样读哟
> 风 撕去一半
> 水 冲去一半
> ……

泰山极顶之南，有座碧霞祠，是道教女神碧霞元君的祖庭，初建于北宋年间，是泰山最大的高山古建筑群。碧霞元君又称"泰山玉女"，全称"东岳泰山天仙玉女碧霞元君"，民间俗称"泰山老奶奶""泰山娘娘"。北方百姓对碧霞元君的信仰极盛，笔者年轻时走在十八盘上，眼见一个个挂着拐杖的小脚老大娘、老奶奶，时不时越我而上，朝拜比她们更老的泰山老奶奶。

康庄写的《碧霞祠》，从碧霞元君塑像着笔，好似一幅杨柳青年画，洋溢着民间幽默，让人发出会心的微笑：

> 找不到我的画笔
> 老奶奶借去描眉
> 找不到我的颜料
> 老奶奶拿去涂唇
> 看老奶奶脸颊上的红云
> 是用我的胭脂染匀
> 山上来了那么多客人
> 她老人家高兴得
> 合不拢嘴

十八盘崖壁如削，石阶达 1600 余级，远望如天门云梯，又好似石阶叠成的瀑布，是泰山的重要标志，古人用"拔地五千丈，冲霄十八盘"的诗句极言其高峻。康庄写的《十八盘》另辟蹊径，笔调轻松，以小见大：

> 老乡上下打量我
> 呵呵地笑
> 山都震响了
> 又是你
> 画山像的家伙
> 画张十八盘送我吧
> 到俺家做客
> 少不了这张梯子
> 公元一九七九年五月于泰山极顶

十八盘是通向泰山极顶的"梯子"，也是这部史册的书页。梯子要一步一步地攀爬，书页要一页一页地翻过。如果将登临过程省去，剩下的只有失望。

二十世纪最后一天，二十一世纪第一天，笔者是在泰山极顶度过的。那一日的泰山，冰雪世界，漫山皆白，十八盘上的金属扶手上凝结了几寸厚的透明冰凌，十八盘有多长，冰凌就有多长；岱顶积雪成冰，天地迷蒙，雾凇沉砀，树枝凝冻成晶莹的冰条。隐在雪雾里的泰山虽真容难现，却也成就了另一番奇景。

诗之境，得泰山之助　163

《泰山云步桥》

登山不见山，一些游客大呼上当，甚至发誓今生再也不来了。我怜悯他们。他们与今天那些汽车坐到中天门，乘缆车飞上南天门的游客没有多少区别。汽车里看手机，缆车上玩微信，十八盘"梯子"没爬过，经石峪的大字没读过，拜完了泰山老奶奶，到了极顶拿个姿势照张相，就算到此一游了，让他们对岱岳产生敬畏怎么可能？

对于一名艺术家来说，假如只在纸上"搜尽奇峰"，没有走过几多人生"十八盘"，没有经过苦难对意志的几多"淬火"，"得江山之助"也难。

欧旅散章之一
安丽，你在哪里

　　法国有句谚语：巴黎打个喷嚏，全法国都得感冒。大文豪雨果说过："说到底，巴黎不过是一条河，两个岛。"河

《塞纳河晴雨》

是塞纳河,岛是西岱岛和圣路易岛。巴黎是法国的中心,西岱岛是巴黎的中心。

安丽,我来了!你在哪里?

你是坐在塞纳河畔古色古香的咖啡馆里,还是徜徉在香榭丽舍大道上?

巴黎的夜雨将巴黎圣母院雕塑成模糊的轮廓,站在西岱岛细雨里的康庄,想起了法国学生安丽。安丽家在巴黎,在济南留学期间,她多次向康庄表示,希望老师偕夫人来艺术之都巴黎访问。

2000年10月,康庄随济南文化代表团来到巴黎。

"没想到5年之后我真的来到巴黎,来到这个既陌生又熟悉的城市,这也许是命运的安排,命运在冥冥之中有着某种定数,让我此来以偿多年的夙愿。可现在,角色换了,我成了'老外'。"

现在中国"老外"最后悔的,是没有留下安丽的联系方式。

康庄认识巴黎,先是通过书本,后是通过安丽送给他的彩色画册。

康庄在回忆文章中写道:"大概是1993年秋天的一个下午,我的画室来了一个素不相识的'洋妞'。她手里拿着一份英文版的《中国日报》,还有一些不知从哪里剪下来的材料,是一些关于我的介绍文章和作品。她就是通过这些材料找到我的。我对法语一窍不通,幸好她的中国话还说得过去。

尽管她发音不准，磕磕巴巴，一个字一个字地往外蹦，我还是弄明白了她是法国人，在山东大学留学，通过山东大学留学生部帮助查询，找到我的地址，此来的目的是要拜师跟我学习中国绘画。"

她的中文名字叫张安丽，是巴黎一位银行家的女儿，原在巴黎一所艺术学院学习舞蹈，来华后先是在山东大学学习东方考古，后又赴北京大学学习中国古代史和古汉语。康庄此前接待过的外国学生，有英国的，有丹麦的，也有澳大利亚的，他们都是山大留学生，其中印象最深的是大胡子崔娄克，来华前他是个学化学的丹麦人。许多来华留学生，在专业之外，学画中国画就像学打太极拳、学点中国厨艺一样，大多是蜻蜓点水，玩一把算完，真正下上功夫，学进去的人不多。

康庄认为，中国画是"水"，西画是"油"，中国人很难走进"油"里去，西方人很难走到"水"里来。中国人画油画，画来画去，画成了中国画，日本人画水墨画，画来画去，画成了日本画，韩国人则画成了韩国画。东西方画家，甚至同是东方画家，都难以深入到对方文化的细部，难以参透对方艺术的真谛。对西方人来说，他们的思维方式和审美意识，很难理解中国绘画的神韵境界。

有一回，笔者问康庄："你认为徐悲鸿画的油画，在西方有地位吗？"他说："就像外国人画中国画画不进去一样，中国人画的油画在西方没有地位。徐悲鸿这一辈留欧学生，画的最出色、让人记住的画，还是中国画，只不过画里有了欧洲艺术的影响罢了。"

所以，对安丽叩门拜师，康庄没有在意，心里话，你学到哪里算哪里吧。

没有想到，眼前的法国女郎是认了真的。

安丽每次来学画，支上凤凰自行车，敲开康家门，上来一个鞠躬，接着就是一句："老师，可以开始了。"说着话，她的笔记本摊到案子上了。

上过几课之后，压力跑到康庄这边了。

"安丽，你不用这么紧张，放松一点就行。"

话是说给学生的，还是说给自己的，已经分不清了，他没有见到过这样认真学习中国文化的异国学子。

康庄决定倾囊相授，上来就从绘画六法开始讲授中国画论：一是气韵生动，二是骨法用笔，三是应物……

"老师，什么是气韵啊？"

"老师，生动的意思是什么？"

"老师，应物怎么讲？"

这下麻烦了。

中国绘画六法，在外国人听起来，不啻是六个拦路虎。其实别说是外国人，就是中国人，要将六法的概念，比如"气韵""骨法"的意涵，表达得明明白白，也是需要点悟性的。

听课时的安丽瞪着大眼睛，不断提出问题，常是一幅似懂非懂的样子，把中国老师弄得很难受。康庄嘴里讲着，手里画着，调动一切手段，强化教学效果。每周一堂课，每堂课安丽都有一大堆问题。到了下周上课的时候，安丽骑着"凤凰"，带着一堆问题又来了。

病人腰疼，大夫头疼，安丽提的许多问题，有如病人腰疼，常令"大夫"头疼。看着安丽那份认真的神情，那幅敢问敢画的样子，康庄只有舍命陪君子了：你敢学，我就敢教。

"我最欣赏她的胆子。"康庄说。

"表现在什么地方？"笔者问。

"我给她边讲边示范，没想到，我画一笔，她跟着画一笔。我画两笔，她跟着画两笔，一点不打憷，没有一丝不好意思的感觉。中国学生那种木木楞楞，有问题不敢问，不敢当众下笔的样子，安丽全没有。从安丽的性格和学习方式上，我看到了东西两种文化的差异，看到了中国教学方法的不足。中国学生太老实了。"

安丽的对中国文化的开悟，是从理解什么是"写意"开始的。

"写意"这个词，本身就写意，外国人理解起来，尤其不容易。

康庄告诉安丽，中西绘画不同，中国人写意，西方人写实。

"什么是写意啊？"

康庄反复讲了多遍，安丽还是似懂非懂。

有一回上课间隙，安丽对老师说，中国人缺少幽默。老师幽了一默："可是我们中国人很写意啊！"

"对，还真是的，中国人是很写意！"

安丽这下懂了。

从此，安丽开始从写意的角度观察中国文化，观察中国艺术，观察中国人了。后来她给老师说，她已经喜欢上了中国。中国的艺术，中国的菜和中国的茶，还有音乐，都很"写意"，都很有"气韵"。她告诉老师她正在写一篇文章，题目就叫作《写意的中国人》。不知这篇文章安丽写出来没有，如果写出来的话，她对汉语表达真是得其三昧了，——对了，"三昧"一词，还是很写意。

太极拳的招式中，有白鹤亮翅、野马分鬃、双峰贯耳，哪个招式不写意？广东音乐有《彩云追月》《雨打芭蕉》《蕉石鸣琴》，哪首曲目不写意？鲁菜里有九转大肠、一品豆腐、油爆双脆，即使猪身上的下水道，一旦成为食材，烧成美味，中国人也忘不了来一番写意，"九转"之下，意境尽出。可以这样说，理解了中国语言的写意，就理解了中国艺术的密码。

真有你的，巴黎女郎！

安丽留学期间，回过数趟巴黎，每次重返中国，她都忘不了给老师带回一些精美的画册，其中有卢浮宫的藏画、奥赛博物馆的藏画以及罗丹的雕塑画册等等。这些资料原汁原味，康庄从中受益不少。

在康庄看来，"安丽不像画报上那种金发女郎，长得算不上漂亮，个头也不高，黑褐色头发，灰蓝色眼睛，总爱穿一身宽松的休闲运动装，但举手投足之间仍可看出当年舞蹈训练出的优雅气质，她热情、开朗、大方，天生的乐天派性格，只要她一出现，总给你一种生气勃勃的印象，带来欢快轻松的气氛……当她表达不清楚或不确切的时候，她会做出只有法国人才有的那种好笑的表情和动作。"

学业结束的时候到了，安丽启程回国前，特从北京赶来与老师告别，不巧康庄正在南方出差，师徒二人没有见上面。在一本画册的扉页上，安丽给中国老师留下一段话：

> 尊敬的老师，希望有一天您和您的家人能有机会到艺术之都巴黎来做客。忘不了您的教诲的弟子。
>
> 张安丽 1995.1.30

入夜的巴黎，华灯初上，五光十色。

举世闻名的香榭丽舍大道，宝马香车，红尘万丈。

在滚滚人流里，安丽，你是哪一个？

没有人能做出回答。

只有泛着波光的塞纳河，静静流淌在巴黎的雨夜里。

欧旅散章之二
维纳斯,终于看到了你的"真身"

  2000年,济南文化代表团来到卢浮宫,这一年距离卢浮宫始建,过去了796年;距离卢浮宫开馆,过去了204年;距离中国人徐悲鸿初进卢浮宫,过去了81年。

  1919年,徐悲鸿初到巴黎,迫不及待地偕爱妻蒋碧薇来到卢浮宫,那是他心仪已久的艺术圣殿。在一件件影响世界美术史的巨作跟前,这位中国现代美术教育的先驱,还是感觉低估了艺术珍宝的魔力,他被感动得热泪盈眶,心灵受到的震撼难以言传,他从心里惊呼:"真是神奇美妙,不可思议"。后来,他无数次走进卢浮宫,来享受艺术的风暴,一个面包一壶水,就是一整天。流连在卢浮宫里的画家,时间忘记了,等他回来的蒋碧薇忘记了,眼里心里只有眼前的一切。

  有40多年了吧,初看徐悲鸿的故事,感觉难以理解,凭什么看到一幅画、一座雕塑，能感动得掉下泪来？后来攒了点学养方才明白，画家落泪与我们阅读名著落泪，道理是一样的，泪水中的化学成分中含有较多的蛋白质。普通人观赏艺术大师名作，感动不到人家徐悲鸿那个份上，说明我们没有大师的眼睛和心灵。

记得有画家说过：观赏艺术品，必须看真迹看实物，看印刷品得来经验都是伪经验。如果徐悲鸿看到的是卢浮宫画册，想必不会如此感动。宋代大诗人陆游说过："纸上得来终觉浅，绝知此事要躬行。"如果将这句诗借用过来，可以改成"纸上得来终觉浅，绝知艺事看真迹。"个中道理，大概与学美术必须画素描，画素描离不开画人体一样。康庄学艺是从画石膏、画真人开始的，素描训练的源头，不是法国，不是卢浮宫，又是哪里？徜徉在这座瑰丽艺术宝山中，康庄不能不心醉神迷，目不暇接。

卢浮宫位于法国巴黎塞纳河北岸，作为法国古典主义时期最珍贵的建筑物，原是法国王宫，始建于1204年，曾居住过50位法国国王和王后，许多著名艺术家在里面生活过，因此说卢浮宫是法国近千年的历史见证，一点不为过。这座占地约198公顷的艺术宝库，以收藏古典绘画和雕刻闻名于世，位居世界四大博物馆之首，是举世瞩目的万宝之宫。全世界不分肤色、不同国度的人们叩门卢浮宫，一来为了欣赏艺术珍宝，二来也是想欣赏一下卢浮宫的建筑艺术。

1204年，卢浮宫始建。1204年，是中国哪一年？

南宋嘉泰四年，农历甲子年，生肖鼠年。

当朝皇帝为宋宁宗赵扩。赵扩的名字起得不吉祥，战国时期的赵国败将就叫赵括，长平一战，赵括兵败身死，秦始皇坑杀赵军降卒45万，巨大的历史悲剧，沉淀成一个血写的成语："纸上谈兵"。这个成语与"夸夸其谈"相仿佛，贬义色彩蛮浓的，谁要是被戴上"纸上谈兵"的帽子，谁就是个没有真本事的熊包。

宋代的天子群，以宋徽宗打头，出了不少艺术家，他们文治有余，武功都不行。1204年过去两年，在军事准备完全没有做好情况下，宋宁宗依韩侂胄奏请，发兵北伐，战败是注定的。大思想家王夫之说过："高宗朝有恢复之臣而无恢复之君，孝宗朝有恢复之君而无恢复之臣。照此而论，宁宗朝既无恢复之臣又无恢复之君。宁宗之为君，韩侂胄之为相，岂是用兵之时。"

1204年过去三年，是1207年，一位出生在济南，终身以恢复中原为己任的爱国将领、文学家抱恨离世，这个人是辛弃疾。

1793年，卢浮宫对外开放。这年1月21日，法国人在巴黎革命广场处死了国王路易十六。6月24日，法国国民公会通过了《1793年宪法》。8月10日，卢浮宫艺术馆对外开放，成为艺术博物馆。八十一年过后的1874年，雨果出版了酝酿十年的长篇小说《九三年》,这是大作家留给世界的最后一部长篇小说。

1793年,是大清国乾隆五十八年,农历癸丑,生肖牛年。"乾隆"的意思是"天道昌隆",中国最后一个封建王朝到了此时,康乾盛世已成过去。由于奢靡腐败,闭关锁国,吏治败坏,走在下坡路上的大清国,再也"牛"不起来了。

数不尽的艺术珍宝,今天终于看到了你的"真身"。

康庄的泪花在眼眶里打转,这些艺术珍宝,他太熟悉了,又太不熟悉了。

在卢浮宫的三件镇宫之宝的跟前,康庄流连盘桓,他想快点走,可是腿当不了家。断臂维纳斯完美得令人心醉;胜利女神头颅不在了,震撼人心的魔力还在那里;达·芬奇的名作蒙娜丽莎曾经失窃过,女主人公迷人的微笑,不知又平添了多少神秘?

代表团艺术朝圣之旅,高潮发生在这里,应该是这里。

如果能像徐悲鸿那样,在卢浮宫待上一整天,哪怕不吃不喝,也是万分快意的美事。但是不行,他得跟上"大部队",代表团的行程是安排好了的,不能因为他的痴迷而改动。再说,不懂法语,在异国他乡走丢了,是件麻烦的事情。康庄写道:

> 鱼贯穿行在卢浮宫环廊的人流之中,脸上挂着莫名的泪,内心翻涌着奇异的激动,恨不得俯下身去吻一下

维纳斯冰冷的脚趾。我努力睁大已经疲惫的眼睛,在两廊悬挂的一排排旷世杰作中寻觅冥冥中大师们的灵魂,隐现不去的光环和昭示。眼前的每一件作品都是我熟悉,我甚至能毫不犹豫地讲出每位作者姓名、身世、他的辉煌业绩,他创作这些作品的时代背景和动机。席里柯的《梅杜莎之筏》,安格尔的《土耳其浴室》《大宫女》,德拉克罗瓦的《萨达纳帕尔之死》《希阿岛的屠杀》……在过去,我从安丽送我的那些印刷精美的画册里一遍遍去读,那些色彩和笔触现在放大开来,活动起来,这就是艺术真迹的魔力。站在大师们的原作前。可以专注地审视和品味他们创作时脉搏的跳动、屏住的呼吸、澎湃的激情、轻轻的叹息,可以谛听画笔在画布上微妙的运行和颤栗。可惜,我们没有足够的时间在这里驻足细读,只能走马观花行着注目礼匆匆掠过。即使如此,我还是感到十分的满足了,此来无憾,此生无憾矣!

最让康庄羡慕的,是看到许多人在这里写生、临摹,里面有成年人,也有少年儿童;有画得好点的,也有画得一般的。他们与1919年的徐悲鸿一样,想写生就写生,想临摹就临摹,想待上一天就待上一天。徐悲鸿一生提倡素描教学,强调"素描是一切造型艺术的基础",那么,还有比在卢浮宫进行素描和写生训练,更合适的地方吗?

没有了。

眼前的一切,让康庄羡慕得没有办法。来到卢浮宫,康庄才知道,他看到的卢浮宫,是法国实施"大卢浮宫计划"后的卢浮宫。1981年,新当选的法国总统密特朗表示:"让卢浮宫恢复原来的用途"。新总统的话外之意,是让财政部搬出"黎塞留侧翼"。"黎塞留侧翼"原本是卢浮宫的一部分,自1871年以来一直由法国财政部占据着。在密特朗大力推动下,"黎塞留侧翼"在1989年终于被卢浮宫收回。"黎塞留侧翼"收回后,卢浮宫增加了2.15万平方米的展览面积、3个庭院和165个新展厅,共展出艺术品1.2万件,其中3000件是从存放室取出的。

改建和扩建卢浮宫,实施"大卢浮宫计划",成为密特朗时代的法兰西国家意志。法国政府为此广征方案。最后,密特朗总统亲自出面,邀请世界上十五个著名博物馆馆长遴选应征方案。结果,十三位馆长选择了华裔建筑大师贝聿铭方案。工程竣工后,卢浮宫过去入口狭窄,游客找不到北的沉疴老病,被"大医生"贝聿铭一次"除根",人们盛赞玻璃金字塔是"卢浮宫院内飞来了一颗巨大的宝石"。

从这个意义上说,今天从玻璃金字塔进入卢浮宫的中国人,比徐悲鸿、林风眠、傅雷那一代艺术家更为幸运。

康庄写道:"艺术是巴黎的灵魂。在这座艺术圣城,博物馆、美术馆,还有数百家以个人和社团、画派为主体的画廊,合成一个整体的艺术研究展示大环境。巴黎人对美的鉴赏是世界一流的,不但外人这样看,他们自己也毫不掩饰地把这种审美优越感挂在脸上,很有点精神贵族、艺术富绅、据宝傲物、俯视四野的意味。这使我想起安丽言及巴黎时眉飞色舞的神情。"康庄后来写道。

康庄的小坯房"花窗沙龙",取名的灵感正是来自脚下的法兰西。

我们从哪里来?我们到哪里去?

每一个有思想的艺术家都在思考。

走在卢浮宫里的康庄,不能不去思索中西艺术的不同:

> 中国画家习惯了似与不似之间的意象思维,习惯了以线造型的写意简括。这与西方绘画的求实务理,以酷肖逼真为能事的创作法则大相径庭。置身卢浮宫那些欧洲古典写实绘画鸿篇巨制当中,我忽然觉得中国画教学中所讲的"石分三面、树分四枝,丈山尺树,寸马豆人,远人无目,远树无枝,远水无波……"画法口诀像儿童歌谣般幼稚可笑起来。在这里,欧洲古典绘画精美绝伦的写实技巧,谨思绵密的精到手法,把一个个活生生的有血有肉的人物刻画得活灵活现,呼之欲出。把一幕幕不同的场景,自然风光展现得树摇云动,恍若眼前。光的效应,色的变化,质的感觉,造型的准确,体积和空间的微妙处理,所有绘画技能中可达极致的手段全部调动起来。于是,便创作出这些登峰造极、酷肖酷似,胜似摄影术,又绝非摄影术的艺术。我想在没有摄影术的

年代，古典写实绘画所起的巨大作用首先就是真实地记录了欧洲社会的历史进程，宗教文化，并折射出他们精神生活的各个层面。然而，艺术技巧的穷其极致顺理成章的必然规律就是背离其道，叛离其经，走向另一个极端。

种种极端，一路走来，就走到了后来的西方流派艺术时代，什么印象派、野兽派、立体派、未来派、达达派、超现实主义、抽象主义、象征主义、自然主义、新艺术主义，纷至沓来。这些主义和派别正是徐悲鸿极力反对和排斥的。

康庄边欣赏边沉思边"赶路"，自我感觉走得不慢，到底还是跟"大部队"失散了，没有发现前来"收容"的人员，他只好跟着感觉走，好不容易摸到出口，发现大家都在等他一个人。

走出卢浮宫，康庄依旧陷在沉思里，他回想起与安丽的一次对谈。当聊起卢浮宫与凡尔赛宫不同的时候，安丽正色道："凡尔赛宫无法与卢浮宫相比，拿破仑就不喜欢凡尔赛宫，画家德拉克罗瓦的父亲曾极力主张拆掉凡尔赛宫。凡尔赛宫奢华有余，但品味不高……"

"安丽的话是对的，她出生在艺术之都，文化之都，时尚之都，她与卢浮宫里敢于临摹写生的初学者一样，学中国画时表现出来的胆气，是有来历的。"

法国对中国的影响，绝不仅仅表现在文学和美术上。记得当年上政治课，有一道问答题：马克思主义三大来源是什么？当时标准答案是：德国的古典哲学，英国的政治经济学，法国的空想社会主义。

社会主义在中国由空想变为现实，是无数仁人志士探索奋斗和牺牲换来的。1924年，徐悲鸿在巴黎认识了小他三岁的周恩来。两位英俊青年，一位革命家，一位美术家，一个要寻求救国救民的真理，改变国家与民族的命运；一个想着

《圣心大教堂》

用艺术唤醒国人，振兴中国绘画。他们在巴黎公社社员墙前面拍下一张合照。二十五年后，革命家成为共和国总理，美术家成为中央美术学院院长。

时光来到2008年3月，中国美术馆举办了"周恩来与中国美术"专题展，有三张法国美术明信片引起人们的关注。据报载："这是1921年9月周恩来在法国勤工俭学、从事共产主义活动时期，寄给国内觉悟社同仁的，其中包括米勒、罗丹等顶尖艺术家的作品。画面分别是米勒的《拾穗者》、罗丹的《青铜时代》……周恩来在每张明信片的后面都写有简短的评语，并简要介绍了作品出处，还说明了作品在世界美术史上的地位。"

新中国成立后，徐悲鸿写实主义与苏联"社会主义现实主义"完全融合，徐悲鸿美术体系席卷中国美术教育八十年（又是一个八十年）。不管这个体系还有多少不足，还有多少局限，但是没有一个体系能撼动它、代替它，跨入21世纪，还是如此。

一代又一代的中国画家，包括康庄和他的师辈、前辈的前辈，都是在这个体系中接收教育，成长为美术家的。有人说，法国留学回来的徐悲鸿，为中国培养了五辈美术人才。没有素描训练，就没有康庄的山水。康庄山水的上游，是雨后岱宗的急流轰浪，是傅抱石观瀑图上的飞珠流沫，是塞纳河的微波细浪。

有画家说：素描毁了中国画。同为油画家的冷军反诘道：

中国画毁了吗？画家史国良也不同意这一看法。

是耶非耶，任人评说。

"人不可有傲气，但不可无傲骨。"

徐悲鸿这句名言，铮铮然作金石之声，没听说有反对的声音。

《美因河上》

欧旅散章之三
《大卫》,你的"真身"在哪里

学美术的中国学子,没有没画过素描的,画过素描的,没有没画过米开朗基罗《大卫》的。可惜的是,《大卫》诞生 500 年,中国人画的《大卫》石膏像,模子不知翻过多少代,翻制出来的大卫,真迹变成陈迹,原作失真、形态走样,是肯定的,不过这对素描训练,问题不大,但是毕竟影响了原作的艺术品质。

康庄太想看看《大卫》真迹了。与许多同行一样,来到佛罗伦萨,没有理由不大步匆匆直奔《大卫》而去。在领主广场上,他见到了敬仰已久的《大卫》。

不过,康庄的感动很快便被稀释。

原来,领主广场上的《大卫》诞生于 1504 年,佛罗伦萨人为了保护《大卫》雕像,于 1873 年将《大卫》搬离了广场,将其陈列到佛罗伦萨美术学院画廊上。现在领主广场上的《大卫》，是 1910 年翻制出来的复制品（最好最真的复制品）。而在济南文化代表团旅程里，并没有造访佛罗伦萨美术学院的安排，这样一来，在《大卫》诞生的地方，济南画家们想一睹《大卫》真迹的愿望就无法实现了，这是康庄他们欧旅之行的最大遗憾。

观赏真迹对艺术家来说，真是太过重要了。

前文说过，2016 年观瞻《江山如此多娇》之后，笔者一直在问自己，为什么巨画没有达到期待许久的感动？原来，我看到的《江山如此多娇》是荣宝斋专家 1990 年临摹复制的。荣宝斋原副总经理米景阳是临摹复制者中的一位，他在回忆录《我在荣宝斋 40 年》一书中说：经过 31 年，"这幅巨画也出现了一些问题，如：岁月沧桑使画面变黄变旧；因漏雨造成画面局部损伤；由于大会堂厅堂开阔，气流变化多，使巨画绷出了裂口等。如果继续陈列下去，巨画必将受到更大的损害。当时的全国人大领导表示：这幅画是毛主席和周总理亲自审定的，再说傅抱石先生已于 1965 年故去，关山月先生也年事已高，让别人再画一幅也是不妥当的，能不能临摹一张？由此，人民大会堂领导决定：临摹复制一幅供悬挂用，把原作珍藏保护起来。这一决定看来是必要的，也是及时的。听到这一消息，很多美术单位以至个人，纷纷提出愿意承担这一光荣的临摹任务。人民大会堂领导经过反复比较，认为由对临摹复制业务有丰富经验的荣宝斋接手是最适合的……荣宝斋领导班子经研究决定：派临摹复制专家孙树梅、米景阳承接这一光荣任务，并派出两位年轻画家担任助手，组成一个四人的临摹班子……"

北京出版社2014年出版的《我在荣宝斋40年》，后勒口上印有"赏读提示"，其中一小段"提示"写道："谁都知道人民大会堂最有名的巨画《江山如此多娇》由傅抱石、关山月1959年合作而成，倘若告诉你现在仍在挂着的是荣宝斋的'摹品'，你相信吗？这是泄露了'天机'吗？书里的追述曾引起不小的轰动……"

北京出版社是中国著名出版社，米景阳是临摹复制专家，担任过荣宝斋副总经理，记述应该是权威的。用荣宝斋专家临摹的复制品代替原作悬挂，借此珍藏保护好《江山如此多娇》，无疑是必要的及时的，体现了人们的共同心愿。不过，如果能在摹品下边竖上一块小小的文字说明牌，这对1990年之后的观画者来说，或许就不会"引起不小的轰动"了。

该说说米开朗基罗了。

1934年，傅雷《世界美术名著二十讲》完成。笔者统计了一下，作者在书中写达·芬奇用了上下两讲，写米开朗基罗用了上中下三讲，写拉斐尔用了上中下三讲；再往下，伦勃朗用了两讲，其他美术家，如鲁本斯、委拉斯凯兹等人，要么一人一讲，要么几个人合成一讲。米开朗基罗与拉斐尔，在傅雷心中的地位可见一斑。

米开朗基罗是文艺复兴时期的雕塑家、建筑师、画家和诗人，他与达·芬奇、拉斐尔并称文艺复兴三杰。与达·芬奇一样，米开朗基罗是一个旷世通才，他的雕塑代表了文艺复兴雕塑艺术的最高成就。大卫是《圣经》里的少年英雄，传统的大卫艺术形象，无论雕塑还是油画，表现的都是取得胜利后的大卫。作为雕塑大师，米开朗基罗别出心裁，雕刻出了战斗前的大卫。在米氏凿刀下，《大卫》具有令人叹为观止的男性美，他怒目直视前方，身体中积蓄的能量仿佛随时可以爆发出来似的。研究认为，《大卫》体现了文艺复兴人文主义思想。作品对人体的赞美，表面上看是对古希腊艺术的"复兴"，实质上表示着人们已从黑暗的中世纪桎梏中解脱出来。

雕刻大理石《大卫》，作者用了四年多时间，作品竣工后，由于造像体积过于巨大，从米开朗基罗工作室搬到领主广场，仅仅半英里的距离，四十个强健的工人花费了四天时间。雕像展览当天，佛罗伦萨万人空巷，市民纷纷赶来，争睹为快，他们在雕像上贴了许多纸条，上面写着："你给我们带来了自尊心！""作为佛罗伦萨人，我们感到自豪。"

米开朗基罗从此声名远播，这一年他刚刚29岁。

截至今年（2022年），米开朗基罗的《大卫》已在历史的风雨中屹立了518年。《大卫》与中国美术教育的缘分颇深。2017年7月15日,《大卫》复制藏品在鸟巢体育场展出,展期三个月。2018年12月14日,四川美术学院定制的米开朗基罗《大卫》雕塑的原模青铜复制品,在川美大学城校区完成了吊装。

没有机会欣赏《大卫》真迹了,那就看看米开朗基罗的旧居吧。

时光过去了500多年,米氏旧居该是个什么样子呢?

原来是什么样子,现在就是什么样子!

中国人翻译欧洲国家的地名,译笔最有文艺范儿的,当数朱自清和徐志摩。朱自清将巴黎不远处的一座市镇译为"枫丹白露",徐志摩将巴黎一条大街译为"香榭丽舍",将意大利佛罗伦萨译为"翡冷翠"。喜欢怀旧的黄永玉,对"翡冷翠"这个地名情有独钟,对那里名人故居的"原生态"赞不绝口。

他说:"在中国,想想古人的时候,翻书而已。在翡冷翠,上他家去好了。乔托、米开朗基罗、莱奥纳多、但丁、薄伽丘……他们的家,有的就在城里,有的离城多不过三十分钟的汽车。他们的家跟活着的时候一模一样,穷就穷,富就富。两百年、三百年、五百年,纹风不动,用不着今天的子孙来作无伦类的搽脂抹粉。"

站在没有一点"搽脂抹粉"的米氏故居前,对比国内一些名人故居、纪念馆祠,康庄的感慨里颇有一些气愤在。不过,这里不是生气的地方,这里是艺术朝圣的地方。他打开画夹,迅速完成了米开朗基罗旧居素描。当天晚上,他在日记中写道:

> 在离老宫不远的一条小巷深处,我找到了米开朗基罗的家,门窗紧闭,禁锢着这个伟大的灵魂。我仿佛听见他在房间里的走动声,听见那沉重的喘息。这条街巷窄的无法走车,两侧的石砌高墙延伸曲折,似大山里一道幽谷,低头是森森青石路,抬头一线靛蓝的天。

笔者知道米开朗基罗的名字,是年轻时读过一本《世界名画家传》,作者是亨利·托马斯和黛娜·莉·托马斯,江苏人民出版社1982年出版。从这本书上,笔者第一次知道了米开朗基罗在西斯廷教堂创作巨幅天顶画《创世纪》的故事。当时做了一张卡片,记住了这个难忘的故事。

创作本篇,四十年前做的卡片冒了出来,卡片是这样记的:"这正是米开朗基罗的天才当之无愧的一项任务。整整四年,

在米开朗基罗故居前

他把自己锁在教堂里，除了磨颜料的人，以及教皇偶然能进去之外，谁也不让进。这幅画的大部分都是仰着头抬着眼画成的。画成之后，有很长一段时间，他不得不把信件和书籍高高地举到头顶上来读，因为眼睛的肌肉已经习惯了这种不正常的角度。"

事情过去四十年，笔者胸臆间感动的巨潮已经化为涟漪。古今中外，艺术大师留给后人的，不止于他们的巨作，藏在巨作背后的故事，常是鼓舞后人攀登艺术高峰的巨大动力。

傅雷在《世界美术名著二十讲》里，翻译了米开朗基罗的自咏诗：

> 我的胡子向着天
> 我的头颅弯向着肩
> 胸部像头枭。
> 画笔上滴下的颜色
> 在我脸上形成富丽的图案。
> 腰缩向腹部的地位，
> 臀部变成秤星，压平我全身的重量。
> 我再也看不清楚了，走路也徒然摸索几步。
> 我的皮肉，在前身拉长了，
> 在后背缩短了，仿佛是一张 Syrie 的弓。

四年半过去，《创世纪》完成，由于劳累过度，30 岁的米开朗基罗苍老得像个五十多岁的小老头。要知道，米开朗基罗开始创作《创世纪》是在1508年，也就是《大卫》完成的第五年。

用现代医学眼光看，米开朗基罗的颈椎、胸椎、腰椎，还有肌肉都出现了严重变形问题，这时距离人类发现X射线，还有数百年之久，人们无从知道米氏身体受损的程度，人们知道的是，身体的病痛伴随他度过余生。不过年轻的小老头命真大，活到89岁才告别了这个世界。

他的另一件举世闻名的雕塑《摩西》，是在他七十岁的时候创作完成的。什么是艺术的殉道者？什么是艺术的苦行僧？意大利人米开朗基罗便是。

不过，米开朗基罗又是幸运的，当时佛罗伦萨统治者索德里尼说过："米开朗基罗是这样一种人，他吃软不吃硬……你必须对他表示关切、表示尊敬——那么，他就会创造出惊天动地的作品。"特立独行的米开朗基罗，遇到了尊重他个性的统治者。

与康庄一起出访的人会发现，他比别人"游"得累，他总是随身带着卡纸和画笔，无论在博物馆，还是在马路上，只要有点工夫，立马画出速写。回到宾馆，不是忙着给画稿上色，就是记日记。多少年后，访欧的画伴一起喝酒，一聊才知道，代表团一干人，只有康庄一人创作出访欧作品，出版了一本插图散文集《异域采风》。《异域采风》由两部分组成，一是《西行沉思录》，二是《小天堂纪实》，前者是访问欧洲的记录，后者是1999年访问保加利亚的日记。笔者在《西行沉思录》中找到了三篇纪实散文《西岱岛——巴黎的摇篮》《朝圣的艺术家在巴黎》和《金巴黎·梦巴黎》。其中有两幅水彩画选入书中，一幅是《塞纳河晴雨》，一幅是《圣心大教堂》。

在我熟识的艺术家当中，康庄是个肯下笨功夫的人。笔

《万绿丛中的里拉修道院》

者有个颇为自赏的观点：最聪明的人下最笨的功夫，没有不成功的。我曾将此话说给大作家张炜听，张炜甚为赞许，他说我们不是最聪明的人，但不妨碍我们下最笨的功夫。张炜荣获茅盾文学奖的长篇小说《你在高原》，煌煌十巨册，洋洋450万言，为此他记下数十本田野笔记，搜集民间资料几大箱。外出考察时曾被困在大雪天的深山老林。你说这笨功夫下得该有多大？

　　画家写生要下笨功夫，写生回来还得下笨功夫。这很像记者采访，记者采访归来，要连夜整理笔记，才能留住感觉；画家写生归来，同样不能偷懒，要趁着感觉抓紧创作。不然感觉丢失，再也找不回。康庄采风不管多累，回到家马上创作。记者不能懒，画家懒不得。有些画家去的地方不少，写生回来没有作品，吃亏吃在动笔晚了，感觉丢了，笔性没了。

接受保加利亚电视台采访

2000年济南文化代表团赴欧交流，几年后的一天，当年的团友们一起吃饭，聊起访欧经历，康庄如数家珍，团友们惊讶于他的记忆力超强，他笑着解释：自己的笔记"天天都有。""天天都有"的笔记和天天都画的速写，回国后打成一个包，就成了插图散文集《异域采风》。

2014年7月14日，"借我山水——康庄美术作品展暨康庄艺术馆开馆仪式"在济南举行。在开馆座谈会上，老画友张宝珠看了康庄访欧绘画精品，当着一屋人发起感慨：

"我们一块去的欧洲，人家康庄画出这么多好作品，我为什么没画出来？"

张宝珠是山东画坛上得黑伯龙艺术真髓的艺术家，他的真诚打动了与会的人。会后我对康庄说："老艺术家能这样反思自己，不是一般画家能做到的。"

"是啊，是啊。"康庄点头道。

附：《西行沉思录·〈逸出风月〉》

离开维也纳就要启程慕尼黑了，然后，就该说："别了！"

别了！维也纳！别了！我的欧洲之旅！

记得黄永玉先生就是用"别了"两个字结束他的《翡冷翠情怀》的。他还解释"别了"只是写到尽或者不想再写下去，或是要换一个别的写法，都属于"别了"的这个意思。

一说"别了"，但丁那句名言再次浮现出来："一个旅客是很喜欢在休息的时候回顾他的来路的，在这里说他是来，在那里便要说他是去……"一路走来，我的眼睛和脑子都在超负荷的工作，稍停下来手又忙起来，记点所见、所闻、所思、所悟，除了对印象中的西方社会求得一个面对面的实证，更多的是在想一些事情，这里是异国、异乡、异地、异域、异样的建筑、异样的文化、异样的风情。我想尽可能地装满我的行囊，最后，眼睛累了，脑子累了，腿也累了，手也累了……检点行囊里只是些信笔拈来，不修边幅，随意的文字。我很欣慰，回到故国、故乡、故土、故城，见到故人有故事可说了。这会儿我什么都不想，只是让身体遁进蓝蓝的天空，静静地歇息一下了。

脑子里闪出台湾诗人一信《我欲归去》中的句子：
不沉思于哲 不冥悟于禅
逸出风月 逸出历史
遁进蓝天的蓝 黑夜的黑 天空的空
遁进非台的明镜中

《桥瘦水肥王子河》

不是尾声
真想向天再借五百年

康庄进京办画展那年，意外的收获是结识了大画家张仃。此后去北京，他常到张仃家请教。张仃交代他："以后出版了画册就拿给我看看。"

康庄走不开的时候，送画集的任务就交给妻子刘大平。

1995年是康庄知天命之年，香港的出版社出版了由魏启后作序的《康庄山水画集》。

刘大平带着画集来到张家，老人一边翻看一边对满屋子学生说："你们都过来看看，这是康

请教张仃先生

庄的画,你们都得向康庄学习,现在像他这样一心画画,不浮躁的画家有吗?"

肯定有,就是少。

张仃老人对"少"很来气。

康庄从艺数十载,先后有《试谈元代山水画》《水的画法》《中国画的优秀传统》《中国山水画简史》《中国画的特点与基本功训练》《皴法浅谈》等学术专著问世。除了学术专著之外,康庄最多的出版物,是各家权威出版社出版的画集和教学范本。

据不完全统计,人民美术出版社、中央美术学院出版社、中国美术学院出版社、清华大学出版社、北京大学出版社、中国人民大学出版社、复旦大学出版社、荣宝斋出版社、西

在康庄艺术馆开馆仪式上致辞

泠印社出版社及各省级美术出版社,先后出版康庄作品专集、教学范本几十种。

其中,人民美术出版社出版的《中国近现代名家画集·康庄》《人美画谱·康庄》,中央美术学院出版社出版的《康庄精选作品——中国高等美术院校教学范本精选》,中国美术学院出版社出版的《当代高等院校中国书画名家·康庄》《中国艺术名师画集——美院讲堂·技法临摹》,北京大学出版社出版的《康庄·"十二五"国家级教材(书画大家范本鉴赏)》,清华大学出版社出版的《名师大讲堂·康庄》,中国人民大学出版社出版的《国学精粹·康庄国画作品临摹教材》,高等教育出版社出版的《康庄作品精选·艺术美学教材范本》,荣宝斋出版社出版的《荣宝斋画谱》《康庄绘画作品集》,

复旦大学出版社出版的《山水画技法·康庄水的画法》，天津杨柳青出版社出版的《康庄山水作品精选·中国美术院校中国画系名家教学示范作品精选》等等，最具权威性和影响力。

在这几十本集子中，央美出版社出版的《央美画谱》和解放军艺术出版社出版的《康庄画集》，最让人感慨系之。在特殊岁月里，康庄无缘"胜利"。改革开放后，他的画集由解放军艺术出版社出版了。同样，由于时代惯性，康庄与中央美术学院失之交臂。他的作品后来作为央美出版社出版的美术教学范本，走进中央美院、中国美院等艺术院校，成了莘莘学子学画的样本。

三十多年来，康庄作品多次入选全国美展。他先后在新加坡、马来西亚、美国、韩国等国家办展。2002年，康庄获国家人社部中国人才研究会书画人才专业委员会颁发的"当代中国画杰出人才奖"。2005年，获首届中国文艺"金爵奖"。2008年，"庆祝改革开放三十周年中国文化艺术界杰出人物推选委员会"推选康庄为中国画坛三十位杰出人物，《中国画坛三十位杰出人物·康庄》专辑由科学文化艺术出版社出版发行。

2013年5月，康庄获英国艺术研究院荣誉院士称号，同年获聘英国皇家美术学院客座教授；2013年10月获俄罗斯国家美术家协会（外籍）终身会员，2020年9月获俄罗斯艺术科学院荣誉院士称号；2020年10月获加拿大阿尔伯塔大

创作《泰莱风韵》

学荣誉博士称号；2021年获意大利艺术研究院荣誉院士称号。与他同时获此称号的，有山东艺术学院前院长、著名油画家王力克教授。

三十多年来，康庄为全国人大常委会、中南海（作画四次）、天安门城楼、京西宾馆中央会堂、中宣部会议室、外交部驻外办事机构、山东省委常委会议室、山东政协大厦、山东大厦宴会厅、山东大厦金色大厅、济南南郊宾馆国宾楼（包括与人合作）创作了巨幅山水作品。

康庄1988年被评为国家二级美术师，1994年被评为国家一级美术师；先后担任过山东省政协委员，济南市政协九、十、十一届常委；现为中国美术家协会会员、山东省文史馆馆员，山东画院高级画师，济南画院名誉院长。

画家名气大了，麻烦一定多。最大的麻烦，是应对形形色色的索画者，逼得画家不得不使出绝法子。齐白石当年就写有门示:"绝止减画价,绝止吃饭馆,绝止照相。"下面还有小字说明:"吾年八十矣,尺纸六圆,每圆加二角。""二角"是服务费。有人讥笑大画家如此财迷,老人不拿工资,一辈子靠卖画吃饭,一大家子用度都从他的画里出,没有办法不财迷。

黄永玉青出于蓝,墙上的告示更绝:

"一、热烈欢迎各界老少男女群子光临舍下订购字画,保证舍下老小态度和蔼可亲,服务周到,庭院阳光充足,空气新鲜,花木扶疏,环境幽雅,最宜洽谈。二、价格合理,老少、城乡、首长百姓、洋人土人……不欺。无论题材、尺寸、大小,均能满足供应,务必令诸君子开心而来,乘兴而返。三、画、书法一律以现金交易为准,严禁攀亲套交情陋习,更拒礼品、食物、旅行纪念品作交换。人民眼睛是雪亮的,老夫的眼睛虽有轻微'老花',仍然还是雪亮的,钞票面前,人人平等,不可乱了章法规矩。四、当场按件论价,铁价不二,一言既出,驷马难追。纠缠讲价,即时照原价加一倍。再讲价者放恶狗咬之;恶脸恶言相向,驱逐出院!五、所得款项用作修缮凤凰县内风景名胜、亭阁楼台,由侄子黄毅全料理。"

进入21世纪,索画者的"索计"与时并进,花样翻新,既有传统派,也有"现代派",还不乏"魔幻现实主义"之类,不练就火眼金睛,真容易被这派那派蒙了。康庄除了要应对一波波灿烂的笑脸,他常会收到没有地址、不留姓名的快递。

在完成后的《泰莱风韵》画前留影

这些快递大的有半人高的陶瓷佛像,厚的有成刀成刀的宣纸,小的如金戒指之类。这些形形色色的物件,木头箱子装着,包装盒子包着,钉子钉得很结实,胶带缠得很严实,形状高低不齐,尺寸大小不一,碍手碍脚占地方,疫情之下有风险,"退货"十二分麻烦。

　　天上没有白砸的馅饼。

　　"货物"收到不出一周,准有电话打进来,话术都是一个师傅教的:

　　"康老师,佛像怎么样啊?"

　　"康大师,宣纸好用吗?"

　　"康先生,收到戒指了吗?"

你说烦人不烦人？谁有工夫啰啰这些事！康庄忿忿地说。

一个画出名堂的画家，得像工兵一样学会排除各式"地雷"，要不然，读书作画的时间全让"地雷"炸没了。

好在康庄排雷技术尚可，形意拳功夫犹在。

泉城自古是水都。泉城走出画水圣手康庄，是济南的骄傲，是山东的骄傲。康庄画水取得突破，是他个人的突破，是中国画家画水的突破。笔者断言：康庄是一位被低估了的艺术家。如果他的平台高些，再高些，他的艺术人生将会是个什么样子？

中国古代绘画美学将绘画分为四个等级：神品、逸品、妙品、能品。常识告诉我们，判断艺术家的水准，是用他最出色的作品来衡量的。我们无法苛求画家的作品幅幅都是精品。不过我要说，康庄出色的作品、让人感动的作品多矣。

邵大箴教授评价：康庄"有着过人的禀赋和卓越的艺术创造力，有着打破传统、敢为人先的胆识，这注定是一位不甘寂寞的画家，从那些富有强烈独创意识的、跳跃奔腾着的、张扬着勃发生命力的作品中可以窥见。"

笔者同意邵大箴的观点。康庄的山水具有陌生感，辨识度极强，非"康"莫属，你可以不服气，但模仿不了。

"你不的"。

数十年间，胸贮五岳，独钟岱宗，绘出千岁古松，抒写中华精神意象；借来天下胜水，挥洒解衣磅礴之激情；嚼碎人

204　借来挂流三百丈

《霹雳震秋岳》

生苦难,历百折不坠其志,一心求索丹青嬗变,不是康庄,是谁?

集画家、学者与诗人于一身,用诗笔作画,用画笔作诗,将山之气,水之灵,海之魂,鲜活在画卷上,凝结在诗行里,不是康庄,是谁?

康庄山水的上游,是雨后岱宗的急流轰浪,是傅抱石观瀑图上的飞珠流沫,是造化之水和艺术之水汇成的漫溢之河,当它注入画家笔管,奔泻在宣纸上的时候,这一段河流有了名字:姓康名庄字大水。

康庄先生今年七十七周岁了,依旧夜夜读书、挥毫到凌晨,他的"上午"是从别人的中午开始的,笔者怕影响他的作息,从不敢上午给他去电话。

泰山有极顶,艺术无止境。

康庄"水路"依旧漫长——

一次电话夜聊,问起老艺术家今后的打算。

"已经到了这个岁数,还有好多问题没有解决,还有好多想法需要探索,唉——真想向天再借五百年!"

看表,时辰又过子时。

电话这边,我呷了口茶。

嗯?味道怎么有点瀑流的泥腥?

电话那头,老艺术家嘿嘿笑了。

2022 年 6 月 10 日写完
2022 年 11 月 2 日改定

后　记

　　与康庄先生结识数十载，平素各忙各的，过从并不多，但这不妨碍我作为媒体人一直在关注他的创作。留法大画家赵无极说过："我要求我画的和别人不一样，和我以前画的不一样。"在各种画展上，康庄的山水有着极强的辨识度，总能从众多画幅中"跳"出来给你看。他画的飞瀑滂溥恣肆，他笔下的海洋磅礴伟岸。著名画家张登堂生前曾对我说：康庄画水取得了大突破。那时还不知他是怎么做到的，但常识告诉我，做到这一步不容易。对艺术家来说，爱好、天分和勤奋，大概率地能决定他的艺术技巧的高低，而悟性如何与读书多寡能决定他的艺术品质和思想高度。

　　读书人康庄正是一位学者型艺术家。

　　21世纪过了第一个十年之后，一次偶然晤谈，我了解到当年康庄在魏启后先生辅导下，凭一篇高质量的论文，考取了中央美院1978届艺术史方向研究生。不幸的是，按照当时做法，录取通知书是发到单位的，单位不在上面盖章，就不能办入学手续。问题是康庄压根儿不知道通知书被单位压下了，等他好不容易得到消息，找单位交涉的时候，已经是半年过后，报到时间早过了。就这样，时代的惯性犹如狂风骤起，咣当一下给他关死了读研的大门，这是他最后一次进入高校的机会。

委屈，失落，挫败感，不上头都难，他哭了一个星期。

至此我发现，康庄先生是一位有故事的人。

来文联工作后，我们见面的机会多了，由此了解到，我这位艺术家朋友有一串故事，高校梦碎不过是其中的一个。

一个人的命运，是一个民族命运的投影；一个人的命运，又是一个国家命运的折光。

我萌生了一个想法，写出他的故事，让更多的人读读这些故事，如果年轻人在阅读故事的同时能思考一下，怎样面对人生的磨难，对祖国优秀传统文化应该怀抱什么态度，那就再好不过了。

——这时候，时光高铁隆隆驶入了2022年。

2022年7月，经过数十次彻夜晤谈（包括电话采访），报告文学《借来挂流三百丈》初稿完成。这时，我想在新媒体上试试文学的水，便将稿子交给了济南日报《爱济南》客户端。这是我首次在新媒体上发连载，出乎意料的是，连载发表后，反响真不坏；说圈粉无数是自夸，说圈粉不少不是虚夸。粉丝中有泛粉，也有精准粉。这是去年在"正和岛"发表拙作《济南有高人》长篇网文之后，第二次在新媒体上扎猛子试水了。

能圈粉，不一定说明你写得有多好，只能说明人生命运的故事太吸睛。写好中国人的故事，写出人物的命运，是我的创作追求。中国人有阅读故事的传统，对故事他们从来都有一副好胃口。报告文学不同于小说，真实是其生命，思辨是其灵魂。报告文学作家最要紧的，是用文学语言写出真实动人的故事。不然的话，这种具有新闻性的文学体裁有失去自己尊严的危险。

电子书的上游是纸质书，连载发表后，我想往回游一游，将电子书变成纸质书，电子书是水草和游鱼，纸质书是长满绿藻的礁石。许多作家也是这么往回游的。于是我在连载的基础上，增加了新的章节，调整了个别篇章的次序，改正了一些舛误，完成了书稿。

康庄先生一气读完书稿，来电话表示谢意。我说：康老师这话应该由我来说，你的故事感动了我，我不过是时代的记录者。

在本书行将付梓之时，我要感谢我的老单位济南日报社，那里是我的写作和创作的"母校"。我要感谢济南出版社，感谢田俊林社长对本书出版的全力支持与推动。我要感谢济南出版社老社长崔刚先生，他对作品提出了宝贵的意见建议。最后，我还要感谢出版社朱孔宝总编辑及本书责任编辑范玉峰同志，他们对工作的负责精神和勤勉态度，给我的印象十分深刻。

  书写完了，一切交给读者评判，真诚欢迎读者提出宝贵意见。

张柯

2023 年 1 月 27 日